DUMONT DIREKT

Lübeck

Travemünde

Nicoletta Adams

Inhalt

Das Beste zu Beginn

Quicklebendiges Welterbe
Nahezu die komplette Altstadt Lübecks wurde von der UNESCO 1987 zum Welterbe ernannt. Damit wurde dieses Prädikat zum ersten Mal in Nordeuropa einem ganzen Stadtteil verliehen. Durch die Altstadt zu bummeln, ist wie in die Vergangenheit einzutauchen – beinahe, denn Lübeck ist heute eine weltoffene Stadt. Auch durch die steigende Zahl der Studenten, die die mittelalterliche Stadtkulisse jung und spannend halten.

Backsteinharmonie
Das geschlossene Bild der Altstadt wird durch das einheitliche Baumaterial der historischen Gebäude – den rotbraunen Backstein – noch gesteigert. Er lässt sofort ein Gefühl von Geborgenheit aufkommen. Die variable Form der Steine an Bogenfriesen, Pfeilern und Gesimsen erhöht zusätzlich die Ausdruckskraft.

Ikonisch
Erst, wenn man dem trutzigen Holstentor mit den leicht zueinander geneigten Türmen gegenübersteht, ist klar: Man ist in Lübeck! Das Wahrzeichen der Stadt kennt jeder: Einst schmückte es den 50-Mark-Schein, heute die 2-Euro-Münze und jede zweite Postkarte der Hansestadt.

Einstimmen
Möchten Sie sich nicht gleich auf die Sehenswürdigkeiten der Stadt stürzen, sondern das »Ich bin in Lübeck«-Gefühl erst einmal auf sich wirken lassen? Bummeln Sie einfach mal durch die Seitenstraßen der Breite Straße zur Trave hin. Dort ist es ruhiger, und Sie sind den Ursprüngen der Stadt am nächsten.

Fair Trade
Seit 2012 setzt sich die Stadt Lübeck für weltweit faires Handeln ein. Cafés, Restaurants, Hotels, und viele Geschäfte machen mit und tragen das ihre dazu bei, dass die Stadt den Titel behält. Eine schöne Aktion, die man unterstützen sollte!

Was nehme ich mit?
Wem Lübeck so ans Herz gewachsen ist, dass er die Stadt als bleibendes Andenken tragen möchte, dem sei der hübsche Lübeck-Ring empfohlen (► S. 102), den es in Silber und Gold zu kaufen gibt. Eine preiswertere Variante sind die Holstentor-Büroklammern, die sich leicht zu einer Kette zusammenfügen lassen (► S. 102).

!

Spieglein, Spieglein ...
Ein wunderschönes Bild zeichnet die Häuserreihe an der Obertrave, wenn sich am Abend die beleuchteten Fassaden im Wasser der Trave spiegeln. Und da spielt es keine Rolle, ob von der Holstenbrücke, der Obertrave-Brücke oder der Dankwartsbrücke aus.

Perfekt im Doppel
Knapp 20 km ist Lübecks historische Innenstadt von dem Stadtteil Travemünde entfernt. Die kleine Welterbe-Stadt verführt mit beeindruckender Geschichte und Architektur, das Seebad Travemünde verspricht reine Seeluft, Strand und brandende Ostsee.

Travemünde 2x3
Lübecks ›Schönste Tochter‹ wartet mit drei unterschiedlichen Stränden auf: breit und mondän, still und naturnah sowie steil und wild. Flaneuren bietet sie drei Promenaden an: die kaiserliche Strandpromenade, die Trave-Promenade und die neu gestaltete Priwall-Promenade.

Die ersten dreißig Jahre meines Lebens zog es mich ausschließlich in den Süden Europas. Dann verschlug es mich unversehens in den Norden Deutschlands – und, was soll ich sagen, es fühlte sich gleich heimatlich an. Die Ostseegerölle haben mich ein wenig mit dem Fehlen von Gesteinsformationen versöhnt, denn Geologie muss einfach sein!

Fragen? Erfahrungen? Ideen?

Ich freue mich auf Post.

@ *Mein Postfach bei DuMont:*
adams@dumontreise.de

Das ist Lübeck

Wie eine Spinne saß die Stadt im Handelsnetz von Skandinavien bis Venedig und von Nowgorod bis London. Es wurde alles gehandelt, was das Herz begehrte. Aus einem lockeren Zusammenschluss niederdeutscher Kaufleute entwickelte sich ein Schwurverband, dem sich viele Städte anschlossen. Das Ziel war nicht eine Gebietseroberung, sondern die gegenseitige Unterstützung bei einem möglichst gewinnbringenden und freien Handel. Das Ungewöhnliche daran: Die Hanse wurde nie offiziell gegründet, gültig waren lediglich die Beschlüsse der Hansetage. Gegen Ende des 15. Jh. wuchs der Widerstand gegen die Vormachtstellung der Hanse, deren schleichendes Ende begann. Einen offiziellen Schluss gab es nicht. 1980 führte die holländische Stadt Zwolle den ersten Hansetag der Neuzeit ein, dem inzwischen 195 Städte angehören.

Hanseaten an sich – Lübecker im Besonderen

In ihrem sprichwörtlich alten hanseatischen Stolz stehen sich die Bürger der drei nordwestdeutschen Hansestädte – Hamburg, Bremen, Lübeck – gegenseitig in nichts nach. Allerdings büßte Lübeck 1937 seine Selbstständigkeit ein, nachdem es erst Preußen und dann Schleswig-Holstein zugeschlagen sowie der Landeshauptstadt Kiel unterstellt wurde. Trotzdem oder gerade deswegen waren und sind die Lübecker immer etwas renitenter, fortschrittlicher und selbstbewusster als ihre Nachbarn.

Kulturelle Vielfalt

Dieterich Buxtehude und Franz Tunder führten bereits im 17. Jh. abendliche Orgelkonzerte ein. Heute finden sie ihre Fortsetzung in zahlreichen kirchen- und kammermusikalischen Konzerten sowie im Schleswig-Holstein Musik Festival, das seit Mitte der 1980er-Jahre mit Konzerten namhafter Künstler klassische Musik jedermann zugänglich macht (www.shmf.de). Nicht nur an lauen Sommerabenden singt und klingt es überall in der Stadt: jedes Jahr an Pfingsten heißt es an der Küste ›Travemünde JAZZT‹, finden zahlreiche Liveauftritte sowie Musik- oder Poetry-Slams statt. Im Theater und auf vielen kleineren Bühnen in traumhafter Kulisse wird Unterhaltung auf höchstem Niveau geboten. Hervorragende Museen eröffnen dem Besucher eine große Bandbreite mit Häusern wie das Museum Behnhaus Drägerhaus oder feinen kleinen Ausstellungen wie das Willy-Brandt-Haus.

66 Jahre Lübecker Hütchen

Marzipanspezialität oder Schokoladenröllchen mit Cremefüllung? Weit gefehlt: Ein tragischer Unfall gab den Ausschlag für Ewald Kongsbaks bahnbrechende Erfindung: die rot-weißen Leitkegel. Bis 1952 wurden rot-weiß gestrichene, mit einem Stein beschwerte Ölfässer zum Schutz an Baustellen oder Unfallorten eingesetzt. Ein Auto kollidierte mit einem solchen Absperrfass, durch die Wucht des Aufpralls wurde der Stein durch die Windschutzscheibe geschleudert und tötete den Fahrer. Der Lübecker Kaufmann Kongsbak war Zeuge, suchte nach einer Lösung und entwickelte einen Kegel aus

Über eine der vielen Brücken musst du gehen/fahren, willst du in die Altstadt.

Metall, um den er Gummibahnen legte. Das Lübecker Hütchen war geboren und trat einen wahren Siegeszug an. Leicht, transportabel und stapelbar fand es seinen Weg sogar bis auf die Antilleninsel Aruba.

Kunst auf Schritt und Tritt

Mal versteckt, mal an prominenter Stelle sind Kunstwerke zu entdecken, die von der Liebe zur Gestaltung quer durch die Jahrhunderte erzählen: die Terrakottafriese des Statius von Düren an Hausfassaden aus dem 16. Jh., die Skulpturen der Puppenbrücke von Dietrich Jürgen Boy aus dem 18. Jh., die Löwen am Holstentor von Christian Daniel Rauch aus dem 19. Jh., den Löwen vor dem Burgtor und die Antilope am Holstentor von Fritz Behn vom Anfang des 20. Jh. Auch das 21. Jh. ist überall vertreten, mit dem Seehund vor dem Museum für Natur und Umwelt von Christa Baumgärtel, dem Teufelchen vor St. Marien von Rolf Goerler, den »Fremden« von Thomas Schütte auf dem Dach der Musik- und Kongresshalle oder der Johannes-Brahms-Bronze von Claus Görtz.

Filmstadt Lübeck

Bereits 1921 diente die Stadt dem Klassiker »Nosferatu« von Friedrich Wilhelm Murnau als einmalige Kulisse. Selbstverständlich folgten Verfilmungen von Thomas-Mann-Romanen und -Biografien an Originalschauplätzen: der Stummfilm »Die Buddenbrooks« von 1923, die Verfilmung mit Hansjörg Felmy und Liselotte Pulver von 1959, die von Heinrich Breloer mit Armin Mueller-Stahl und Iris Berben oder der Dreiteiler »Die Manns«. Die ZDF-Krimiserie »Das Duo« spielt in Lübeck, in der ARD-Vorabendserie »Heiter bis tödlich – Morden im Norden« ermitteln zwei Lübecker Kommissare. Ein Highlight sind die Nordischen Filmtage, die sich seit 1956 auf Filme aus Nord- und Nordosteuropa spezialisiert haben.

Lübeck in Zahlen

3

Mal musste Lübeck gegründet werden, bis es seinen Platz zwischen Trave und Wakenitz erhielt.

5

Millionen Ziegel wurden in der Marienkirche verbaut.

8

Weihnachtsmärkte laden zum Bummeln ein.

10

Stadtteile hat Lübeck: Innenstadt, St. Jürgen, Moisling, Buntekuh, St. Lorenz-Süd, St. Lorenz-Nord, St. Gertrud, Schlutup, Kücknitz und Travemünde.

10

Knoten betrug die Höchstgeschwindigkeit auf der siebentägigen Fahrt der Koggen von Lübeck nach Reval (Tallinn).

16

Meter über Normal Null erhebt sich die Lübecker Altstadt.

21:33

Uhr am 9. November 1989: Der erste Trabifahrer fährt durch die offenen Schlagbäume in die BRD, um ein erstes Bier in Lübeck zu trinken!

30
Jahre dauert es etwa, bis das gesamte Ostseewasser ausgetauscht ist.

31
Meter hoch ist der Travemünder Leuchtturm, Deutschlands ältestes erhaltenes Seezeichen an der Küste.

38,5
Meter Höhe machen das Backstein-Gewölbe der Marienkirche zum höchsten in der Welt. 125 Meter hoch ragen ihre Türme in den Himmel.

142
Stufen führen in das Herz des Travemünder Leuchtturms.

877
Jahre besteht die Hansestadt bereits.

6500
Schiffe laufen jährlich in Lübeck und Travemünde ein, der Güterumschlag beträgt ca. 25 Millionen Tonnen.

1000
Strandkörbe warten am Strand von Travemünde auf die Gäste.

406 000
Passagiere pro Jahr verlassen Lübeck-Travemünde auf den zahlreichen Fährlinien.

214
Quadratkilometer misst Lübecks Gesamtfläche. Jeder Lübecker hat also rechnerisch fast 1000 Quadratmeter für sich!

Was ist wo?

Die Stadt der großen Namen und der stilprägenden Backsteinbauten will zu Fuß entdeckt werden. Einmal auf den pulsierenden, breiten Straßen und Plätzen, an den Ufern von Trave und Wakenitz, ein andermal in der Stille der Hinterhöfe mit kopfsteingepflasterten Gassen und Gängen.

Rathaus und Marienkirche

Der beste Ausgangspunkt für eine erste Erkundung Lübecks ist der **Rathausplatz** (D 4). Das prächtige Rathaus war und ist seit fast 800 Jahren das historisch-politische Zentrum der Stadt – am höchsten Punkt der wie ein Schildkrötenrücken geformten Altstadt. Dahinter zieht die alte Rats- und Marktkirche **St. Marien** mit geballter Kirchenkultur die Besucher in ihren Bann. Direkt gegenüber im **Buddenbrookhaus** wird Thomas Manns Roman für Sie begehbar gemacht. Aber auch eine Shoppingtour durch die Fußgängerzone **Breite Straße** und ein Besuch im **Café Niederegger** bieten sich an.

Westen

Vom Bahnhof führt der Weg in nur 10 Min. über die berühmte **Puppenbrücke** direkt auf das **Holstentor** (C/D 4/5) zu. Den Besuch des Holstentor-Museums können Sie sich aber für später aufheben. Erst einmal lockt der Blick auf die **Trave,** in der sich die ersten Kaufmannshäuser und fünf Kirchturmspitzen spiegeln. An ihren Ufern liegen einerseits die spektakulären alten **Salzspeicher** (D 5), Symbol der Handelsmacht Lübecks, andererseits der **Museumshafen** (D 3) und eine Vielzahl von Restaurants, die sich gut für Verschnaufpausen eignen. Über die **Große Petersgrube** (D 5) mit Häuserfassaden aus Gotik, Barock und Klassizismus sind schnell das einzigartige **TheaterFigurenMuseum** erreicht und die **St.-Petri-Kirche** (D 5), deren Besucherplattform einen fantastischen Blick auf die Altstadt bietet.

Süden

Im Viertel der Flussschiffer und Stecknitzfahrer, von der Dankwartsgrube bis zur Effengrube, versteckt sich das Labyrinth der für Lübeck so typischen **Gänge** und **Hinterhöfe.** Einst war dies Netzwerk aus kleinen Gassen ziemlich verrufen, es galt als Versteck zwielichtiger Gestalten. Heute herrscht romantische Stille, und es gibt stets Neues zu entdecken. Der **Dom** (D 6) überragt das Viertel mit seinen mächtigen Doppeltürmen. Zur Mittagszeit wird die Besichtigung oftmals von Orgelklängen untermalt. Das **Museum für Natur und Umwelt** hinter dem Dom ist ein Muss für alle Naturinteressierten. Einen Katzensprung weiter, jenseits der quirligen Mühlenstraße, liegt die einstige Klosteranlage **St. Annen** (E 5), in der Liebhaber sakraler und moderner Kunst auf ihre Kosten kommen. Sie grenzt direkt an das ehemalige Viertel der Handwerker und kleinen Leute rund um die **St.-Aegidien-Kirche** (E 5).

Osten

Zwischen Wahm- und Glockengießerstraße sowie König- und Kanalstraße liegt das lebendigste und jüngste Viertel der Stadt mit Galerien, Kleinkunst und den beliebtesten Diskotheken. Beim ersten Sonnenstrahl rücken die Cafés und Restaurants ihre Stühle und Tische auf die Straße – das Angebot an kulinarischen Verlockungen ist groß. Mit dem **Günter-Grass-Haus** (E 4) und dem **Willy-Brandt-Haus** treffen Sie auf zwei moderne Museen. Hier wird die Wechselwirkung der beiden Nobelpreisträger zu Kunst und Zeitgeschichte beleuchtet. Ein Bummel durch die einstigen Handwerker- und Brauerstraßen, wie der **Hüx-** oder der **Fleischhauerstraße,** verspricht zudem Einkaufsspaß und bunte Vielfalt fernab der austauschbaren Handelsketten.

Norden

Der **Koberg** (🕮 E 3) war einst das Wohngebiet von Fischern und Schiffern. Es galt als zweites Zentrum Lübecks, dessen Mittelpunkt seit rund 700 Jahren die **St.-Jakobi-Kirche** bildet. Schräg gegenüber steht die **Schiffergesellschaft,** eines der ältesten Lokale der Stadt. Die Ostseite des Platzes nimmt das architektonisch reizvolle **Heiligen-Geist-Hospital** ein. Es ist für seinen besonders stimmungsvollen Weihnachtsmarkt bekannt. Von hier reicht der Blick bis zum **Burgtor,** das früher wahrscheinlich häufiger passiert wurde als das Holstentor. Vom Umland, vor allem aus dem Osten, kamen die Bauern mit ihren Produkten in die Stadt. Auf dem Gelände des ehemaligen Burgklosters hat das **Europäische Hansemuseum** seine Tore geöffnet. Es zeigt die spannende Entwicklung des ersten Kaufmann-Imperiums in Europa (www.hansemuseum.eu).

Travemünde

Die nur 20 km entfernte, schön gelegene Hafenstadt (🕮 Karte 3) ist Lübecks Tor zur Welt. Noch heute umweht Travemünde der Hauch eines klassischen Seebades, das schon vor 200 Jahren eine gute Wahl für den Sommerfrischler war. Nach dem Strandvergnügen zeigt man sich gerne auf der – mittlerweile deutlich verjüngten – **Promenade** oder auf der **Vorderreihe** mit Geschäften, Cafés und Restaurants. Immer im Blick haben Sie hier die vielen kleinen Segler, die Ausflugsschiffe und die großen Fähr- und Containerschiffe, die nach Nord- und Osteuropa aufbrechen. Das ursprüngliche Travemünde lässt sich hinter der schönen **St.-Lorenz-Kirche** erkunden. Hier finden Sie auch das **Seebadmuseum.**

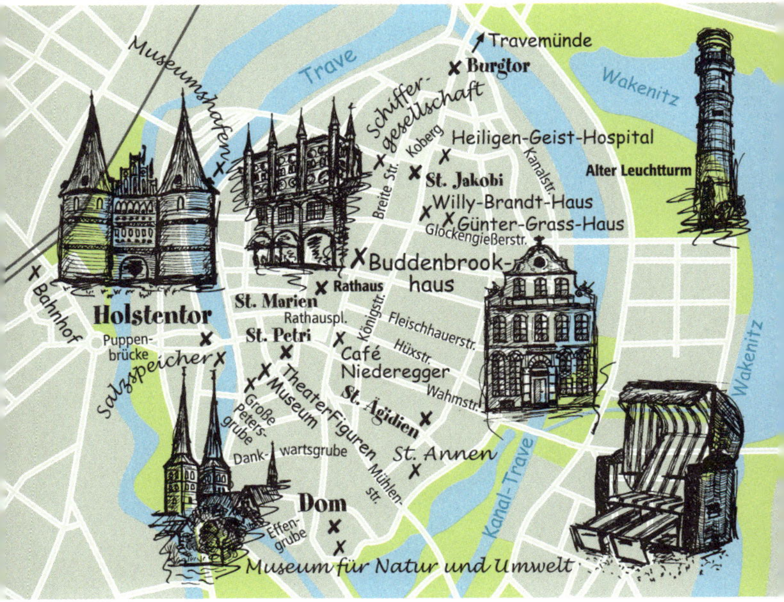

Augenblicke

Hinter den Kulissen

Verborgen vor den Augen der Vorbeieilenden eröffnet sich eine historische Besonderheit der Stadt. Durch enge Torbögen oder imposante Portale entdecken Sie die einst aus Raumnot geborenen Armenquartiere oder die damals etwas schmucker gestalteten Häuschen in den Stiftshöfen für die Witwen und Waisen. Während die Ganghäuser heute hübsch renoviert zum Wunschwohnort vieler Lübecker avancieren, hat sich die Tradition der Seniorenwohnungen bis heute erhalten.

Symbole der Handelsmacht

Die sechs Häuser aus der Zeit des 16.–19. Jh. sind die eigentlichen Wahrzeichen der Stadt Lübeck. Sie dienten einst der Lagerung des kostbaren Salzes, das im Mittelalter unverzichtbar für die Konservierung von Nahrungsmitteln war und der Lübecker Hanse den Handel mit begehrten Gütern aus Nord- und Osteuropa ermöglichte. Ihre Wahl zur Kulisse für Werner Herzogs Film »Nosferatu« bewahrte sie vor dem Abriss und half einem Textilkaufmann aus der Patsche, der seither sein Kaufhaus dort eingerichtet hat.

Lübecks schönste Tochter

Über 830 Jahre Travemünde, 218 Jahre Seebad, 108 Jahre Strandbad, fünf Jahre Neugestaltung der Promenaden an beiden Traveufern: Travemünde liebt seine Tradition, aber auch die Veränderung und Ausgestaltung der Stadtkulisse. Was immer bleibt, ist der wunderschöne, breite Sandstrand, auf und an dem Sie es sich richtig gut gehen lassen können. Dazu gehören unbedingt die heimeligen Strandkörbe und eine gemütliche Lounge für das leibliche Wohl.

Ihr Lübeck-Kompass

#2
Totentanz, Pilgerstab, Orgelpfeifen – **St. Marien und St. Jakobi**

#3
Süßes Brot und herber Tropfen – **Marzipan und Rotspon**

Was eint
RATSHERREN,
FISCHER
und
PILGER?

KREIERT FÜR KÖNIGSHÄUSER
UND EINEN KAISER

#1
Gekonnter Stilmix – **das Lübecker Rathaus**

GEWAGTE IDEEN
FORDERN UNGEWÖHN-
LICHES MATERIAL

WOMIT FANGE ICH AN?

1 2 3

15 14 13 12

Wie gefräßig ist das Meer?

#15
Stück für Stück ins Meer zurück – **das Brodtener Steilufer**

P-Liner
kommt von Pudel

MIT MUSKELKRAFT DEN FLUSS HINAB

#14
Travemündes alte Recken – **›Passat‹ und Alter Leuchtturm**

›EIGENTÜMLICH BERGENDE SITZHÄUSCHEN‹

#13
Badeleben streng nach Vorschrift – **das Seebad Travemünde**

#12
›Amazonas des Nordens‹ – **Kanutour auf der Wakenitz**

#4

Dichter, Denker, Nobelpreisträger – **Lübecker mit Grips und Mut**

#5

Ein Haus für alle Fälle – **das Lübecker Dielenhaus**

#6

Abwechslungsreiche Kulturmeile – **die Obere Königstraße**

#7

Für Bücherwürmer – **Historische Bibliothek und Schwarze Kunst**

#8

Schönheitsideal im Wandel – **Zeitreise durch die Architektur**

#9

Wipperbrücke und Schlüpferallee – **Lübeck vom Wasser aus**

#11

Mittelalter trifft Moderne – **Museumsquartier St. Annen**

#10

Einst pure Not, heute heiß begehrt – **die Ganghäuser**

1

Gekonnter Stilmix – **das Lübecker Rathaus**

Von welcher Seite man sich dem Rathaus auch nähert, es zieht die Blicke auf sich – schon immer. Der Rat verstand es stets, sich mit architektonischen Mitteln in Szene zu setzen und seine Macht zur Schau zu stellen. Ein Rundgang um den faszinierenden Rathauskomplex klärt manchen Wirrwarr aus der mehrhundertjährigen Baugeschichte.

Das Neue Gemach ist ein architektonisches Schatzkästchen. Entdecken Sie die vielen Eigenheiten!

Seit dem Umzug der Ratsherren in das Gewandhaus, dem ehemaligen Sitz der Tuchhändler, wurde in jeder Epoche, meist zu Repräsentationszwe-

cken, ausgiebig an- und umgebaut. Nachdem der mittelalterliche Bau in der Renaissance (16. Jh.) noch einmal sein Äußeres wandelte, verlief die letzte Veränderung parallel zum politischen Abstieg der Stadt im 19. Jh.: Es wurden Teile der Nordfassade abgetragen, Säle entkernt, Dienstzimmer eingebaut und die Goldschmiedebuden unter den Arkaden abgebaut.

Ideenreiche Baumeister

Auf dem Marktplatz fesselt als Erstes die weiß erstrahlende **Renaissancelaube** 1. Die niederländischen Baumeister Hans Fleminck und Herkules Midow setzten sie 1570–71 aus grauem Sandstein vor die backsteinerne Schauwand. Die ursprüngliche Farbigkeit konnte nicht rekonstruiert werden, daher blieb die Bleiweiß-Fassung des 18. und 19. Jh. bestehen. Unwillkürlich wandert der Blick weiter nach oben zur **Schauwand** 2. Von weitem scheint sie eher zu der dahinter aufragenden Marienkirche zu gehören. Der fantasievolle Ratsbaumeister Nikolaus Peck erhöhte um 1435 die Wand und versah sie zur Entlastung des steigenden Winddrucks mit den markanten Windlöchern. Sehen sie nicht wie riesige Bullaugen aus? Peck fügte ebenso die drei schlanken, spitzen Türme hinzu, die liebevoll ›die Riesen‹ genannt werden.

Das **Lange Haus** 3 (auch Danzelhus) – um 1300 im rechten Winkel angebaut – wird durch die Arkaden im Erdgeschoss dominiert. Hier boten die Goldschmiede bis 1868 ihre Ware an. Schwarze und grüne Glasursteine verleihen der oberen Fassade eine einheitliche Struktur. Auffallend sind die Wappenreihe über den mächtigen Flachbogenfenstern und das schiefergedeckte Dach mit den zierlichen Gauben, deren Abdeckung an spitze Chinahüte erinnern.

Ab 1440 verlängerte Peck den Bau nach Süden um das **Neue Gemach** 4. Er ließ sich Details einfallen, die es zu einem überdimensionalen Schatzkästchen machen: hübsche Maßwerk-Rosetten, Friese aus Formsteinen oder krönende Türmchen, die zum Markt hin rund und zur Breiten Straße eckig geformt sind. Das Erdgeschoss blieb offene Gewölbehalle und Marktbereich, in dem die amtliche Marktwaage (Ratswaage) ihren Platz hatte.

M
MUTIG

Die katholischen Geistlichen Johannes Prassek, Eduard Müller und Hermann Lange sowie der protestantische Pastor Karl Friedrich Stellbrink prangerten in ihren Predigten eindringlich das Rassen- und Euthanasiegesetz des nationalsozialistischen Regimes an. In einem Schauprozess wurden sie verurteilt und am 10. November 1943 in Hamburg hingerichtet. Eine Gedenktafel neben dem Rathauskeller erinnert an ihren Mut. Mehr über das Leben und Wirken der vier Männer erfahren Sie in der Ausstellung in der **Herz-Jesu-Kirche.** Parade 4, www.luebeckermaertyrer.de, Mo–Fr 9–18, Sa bis 16, So 12–18 Uhr

Die 1759–61 ausgeführten allegorischen Wandgemälde im Audienzsaal von Stefano Torelli stellen die Tugenden dar, die eine gute Regierung ausmachen sollen.

Präzision und Witz der Renaissance

An der Fassadenfläche auf der Breite Straße werden durch schmückende Vorbauten Akzente gesetzt. Die reich ornamentierte **Treppe** 5 aus Kalksandstein wird dem Antwerpener Bildhauer Robert Coppens (1594) zugeschrieben. Aus derselben Zeit stammt der **Eichenholzerker,** ein Werk der Kunsttischlerfamilie Tönnies. Man kann sich in den reich verzierten, fantasievollen Schnitzarbeiten in Grün, Rot und Gold verlieren. Tragende Figuren und Fratzen ziehende Masken schauen amüsiert von hoch oben auf die Schauenden herab.

Machtdemonstration im Mittelalter

Der anschließende Übergang zum **Hauptbau** 6 ist an der andersartigen Verklinkerung deutlich zu erkennen: Der aufgelockerten Mauerung mit dem Wechsel von schwarz glasierten und naturbelassenen Backsteinen folgen die einheitlich dunkel glasierten Steine des Langen Hauses. Dessen Mittelpunkt war der **Hansesaal,** der zu den größten, nichtkirchlichen Räumen der europäischen Gotik zählte. Das Ausmaß dieses monumentalen Saals mit seinen 38 m Länge ist sogar von außen durch die lange Reihe der 14 Fenster zu erahnen. 1356 fand hier der erste Hansetag statt.

Umnutzung geglückt, aber etwas glatt das alles

Neben dem mächtigen Hauptportal stehen zwei historische Holzbänke mit bronzenen Seitenteilen. Die Reliefs dieser so genannten **Beischlagwangen** stellen den thronenden Kaiser sowie den ›Wilden Mann‹ dar – wahrscheinlich ein Hinweis auf die Reichsfreiheit der Stadt. Sie standen einst quer zur Straße und grenzten eine Gerichtsstätte für kleinere Streitfälle ab. Heute sind die Bänke sehr begehrt für eine kleine Verschnaufspause.

Der Rundgang endet an der **Nordfassade** 7 am Marienkirchhof. Leider erhielt die imposante Mauer nach der Renovierung durch das ebenmäßige Steinmaterial ein zu glattes Erscheinungsbild. Es fehlt der Charme der Individualität, wie sie durch die Unebenheit handgefertigter Ziegel entsteht.

Wer aus dem Staunen gar nicht herauskommen will, der sollte sich zum Rathaus begeben.

Ochsenblut und spitze Hüte

Um das Rathaus von innen erkunden zu können, empfiehlt sich eine Führung. Zwei Dinge fallen schon beim Betreten der Eingangshalle auf. Zum einen besitzt das mächtige Eingangsportal zum **Audienzsaal** zwei unterschiedlich hohe Pforten. Der Grund: Die Verurteilten mussten gebeugten Hauptes durch die niedrige Tür hinausgehen, während der Rat, die Richter mit den spitzen, hohen Hüten und die wenigen Unschuldigen den Saal erhobenen Hauptes verließen. Die Schwelle der niedrigeren Pforte ist fast bis auf den Boden abgewetzt … Zum anderen zeigen einige der Säulen noch die alte, fast schwarze Glasur. Deren ganz eigener Glanz wurde aus Ofenruß, Rinderblut und Salz hergestellt.

S
SITZEN SIE MIT!

Der Bürgerschaftssaal im Obergeschoss des Rathauses dient noch heute der Bürgerschaft für ihre Zusammenkünfte. Jeden letzten Donnerstag im Monat findet eine öffentliche Sitzung statt, zu der es ab montags Karten gibt.

INFOS/ÖFFNUNGSZEITEN

Lübecker Rathaus: Breite Str. 62, T 0451 122 10 05, Führungen: Mo–Fr 11, 12 und 15, Sa/So 12 Uhr, 4 €

KULINARISCHES FÜR ZWISCHENDRIN

Wo einst im altehrwürdigen Gewölbekeller Weinfässer lagerten, wird heute im **Ratskeller** ❶ norddeutsch lecker gekocht: Typisch sind Labskaus und Matjes in verschiedenen Variationen (Am Markt 13, T 0451 720 44, www.ratskeller-zu-luebeck.de, tgl. 12–22 Uhr, Gerichte 14–22 €).

Das **Wiener Caféhaus** ❷ im alten Kanzleigebäude überrascht mit echter Kaffeehauskultur. Bei schönem Wetter haben Sie die Platzwahl zwischen dem reich bemalten Saal oder mitten im Geschehen auf der Breite Straße (T 0451 296 98 95, Mo–Sa 9–19, So 10–18 Uhr).

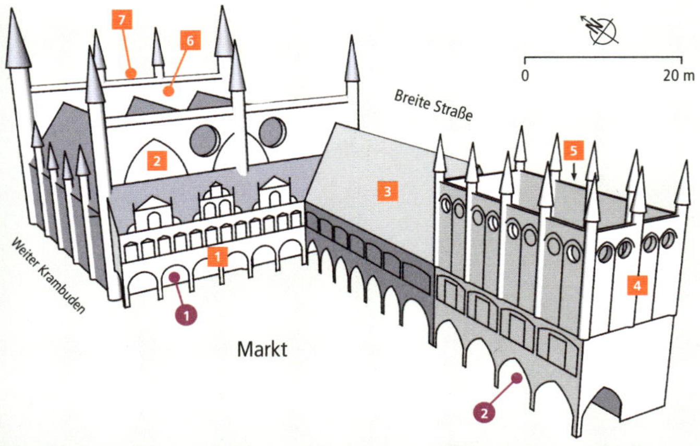

Cityplan: Karte 2, D 4 | Bus: Schüsselbuden (10, 11)

2

Totentanz, Pilgerstab und Orgelpfeifen – **St. Marien und St. Jakobi**

In St. Marien und St. Jakobi werden Sie Ungewöhnliches entdecken. Zusammen mit Dom, St. Aegidien und St. Petri tragen die sieben kupfergrünen Türme zu Lübecks weltberühmter Kulisse bei. Sie spiegeln nicht nur die Bedeutung Lübecks als reiche mittelalterliche Hansestadt wider, sondern repräsentieren sie ebenso als ›Stadt der Orgeln‹.

Drückt die richtigen Tasten: Der Organist Johannes Unger widmet seinem berühmten Vorgänger jährlich die Buxtehude-Tage in St. Marien.

Bereits von außen beeindrucken die imposanten Ausmaße der Rats- und Bürgerkirche **St. Marien** 1. Bis heute gilt sie als Prototyp der nordeuropäischen Backsteingotik. Zwei Vorgängerbauten aus dem 12. Jh. folgte der Ausbau zur gotischen Basilika mit den mächtigen Doppeltürmen (125 m).

Eigentlich stehen sie nur einem Dom zu, aber die Lübecker wollten ein Zeichen setzen gegenüber dem Bischofssitz. Die Leistung der damaligen Baumeister, die alleine für den Südturm 1,2 Mio. Backsteine benötigten, ist kaum zu ermessen – was für eine Herausforderung auch für die Ziegeleien! Aber damit nicht genug der Rekorde: Das Backsteingewölbe mit 38,5 m ist das höchste der Welt, wobei die Decke gerade mal eine Steinlage stark ist. Diese wunderbare Konstruktion wird durch die filigrane Malerei mit Pflanzenornamenten auf weißem Grund zart betont. Noch mehr Einblicke in die faszinierende Bautechnik erhalten Sie während einer Gewölbeführung. Nicht Schwindelfreien bieten die drei Kirchenmodelle hinter dem Seitenschiff eine gute Übersicht.

Die kleine Teufelsfigur von Rolf Goerler (1999) vor der Eingangstür von St. Marien hätte eigentlich allen Grund, viel verärgerter zu schauen. Der Teufel half den Bürgern nämlich beim Bau der Kirche, da sie behaupteten, es entstehe ein Wirtshaus. Als er den Betrug bemerkte, wurde er wütend und schleuderte einen Stein gegen die Kirche. Der verfehlte sie jedoch und blieb davor liegen.

Der Tod in vielfältigem Gewand

Einen deutlichen Kontrast zur Farbigkeit des Mittelschiffs bildet die in Schwarz-Weiß gehaltene **Totentanzkapelle.** Sie wurde nach Bernt Notkes Totentanzfries (1463) benannt, der heute leider nur als Foto zu bewundern ist. Trotzdem lohnt sich ein genaueres Hinsehen, denn was hier vor über 550 Jahren geschaffen wurde, gleicht einer Revolution: Notke löst den Standesunterschied auf, indem er den Tod gleichberechtigt neben alle Bürger stellt. Im Nordfenster (1955/56) ist das Thema von Alfred Mahlau wieder aufgenommen. Der Versuch, den Tod zu überlisten, musste ja vergeblich sein! Das erfuhr auch das **Steinerne Männlein** hoch oben an einem Fenster der südlichen Außenmauer, das beim Warten auf den Tod zu Stein geworden war.

Frühes Überlebenstraining

Der aus neuen Backsteinen gefertigte Kirchenboden passt so gar nicht. Doch er erinnert daran, dass große Teile der Kirche in der Bombennacht 1942 zerstört wurden. Trotzdem blieben einige Kunstwerke von der Gotik bis ins Barock erhalten. Bei einer Führung erfährt man erstaunliche Einzelheiten über die jeweilige Zeit. So war das Taufzeremoniell einst eine ernste Überlebensprobe für den zarten Täufling: Das von Hans Apengeter gegossene **Bronzetaufbecken** aus dem 14. Jh. hat das Fassungsvermögen eines Bierfasses. Das Wasser wurde nur einmal im Jahr geweiht

Den Mund mal ganz voll nehmen – die Prospektpfeifen der Großen Orgel in St. Jakobi machen es vor.

und damit auch nur einmal im Jahr gewechselt! Erst im Barock kamen die Deckel in Mode, die das Wasser vor ›Getier‹ schützen und damit reinlicher halten sollten.

A AUGEN AUF!

Das Besondere liegt im Detail: Auf der gemalten Seite des **Antwerpener Marienaltars** (1518) finden sich zwischen den Füßen mancher Figuren eingebrannte Händchen – ein Zeichen der Antwerpener Handwerker. Und der geöffnete Altar zeigt Bibelszenen in vergoldeter Holzschnitzerei, u. a. Marias Tod umgeben von Aposteln. Die Brille des linken Apostels wurde nicht etwa nachträglich angebracht!

Nicht um jeden Preis …

Seit dem 14. Jh. gaben sich berühmte Organisten in St. Marien die Klinke in die Hand, ab dem 17. Jh. war die Kirche weithin berühmt für ihre **Orgelmusik.** Franz Tunder (1614–67) und Dieterich Buxtehude (1637–1707) riefen als Organisten die Lübecker Abendmusiken ins Leben. Auch Georg Friedrich Händel (1703) und Johann Sebastian Bach (1706) kamen nach Lübeck, um bei Meister Buxtehude zu lernen. Geblieben sind sie allerdings nicht: Eine feste Anstellung war nach Zunftbestimmungen mit der Heirat von Buxtehudes Tochter verknüpft. Heute spielen die Künstler auf der **›Großen Orgel‹** von 1968, der mit 101 Registern größten mechanischen Orgel der Welt.

Jakob schützt Schiffer und Pilger

Durch die weithin sichtbare Turmuhr – der einzigen unter Lübecks Kirchen – ist **St. Jakobi** 2 unverwechselbar. Auch sie hatte romanische Wurzel, fiel jedoch dem Stadtbrand von 1276 zum Opfer und wurde als Stufenhallenkirche bis ins 14. Jh. neu gestaltet. Der Innenraum zeigt trotz einiger Veränderungen, und obwohl viele Nebenaltäre und Einzelstatuetten ins St. Annen-Museum (▶ S. 60) kamen, eine reiche Ausstattung aus dem 14.–17. Jh.

Der 25. Juli ist Jakobustag

Seit dem Mittelalter ist die Kirche als Pilgerkirche der Gläubigen auf ihrem Weg von Skandinavien zum Jakobusgrab in Santiago de Compostela bekannt. Beim Betreten spürt man eine angenehme Atmosphäre, die gleichzeitig die Neugier auf Entdeckung weckt. Die Kirche ist nicht zu groß, weder zu hell noch zu dunkel, und man wird bald

INFOS/ÖFFNUNGSZEITEN

St. Marien 1: Marienkirchhof 1, T 0451 39 77 00, https://st-marien-luebeck.de, 10–18, Okt. bis 17, im Winter bis 16 Uhr, 2 €
Führungen: Mai–Okt. Mo–Sa 12.15, bis Sept. auch 15 Uhr, Spende erbeten
Gewölbeführung: April–Dez. Sa 15.15, Juni–Sept. auch Mi und jeden letzten Sa im Monat 20.30 Uhr, Gebühren auf Anfrage. Sie sollten schwindelfrei sein.
Buxtehude-Tage: Anfang Mai
St. Jakobi 2: Jakobikirchhof 3, T 0451 30 80 10, www.st-jakobi-luebeck.de, Juni–Okt. tgl. 10–18, im Winter Kernzeit Di–Sa bis 15, So bis 13 Uhr, Orgelbesichtigung n. Anmeldung
Lübecker Orgelsommer: Juli und Aug. in St. Marien, St. Jakobi und im Dom, Ticket 10 €

KULINARISCHES FÜR ZWISCHENDRIN

Das Museumscafé **Marlistro** 1 neben dem Museum Behnhaus Drägerhaus bietet außer leckeren Torten und Kuchen, hausgemachter Marmelade und Kräuterquark einen frischen, kreativen Mittagstisch an. Die Bedienung ist äußerst liebenswürdig. Im Sommer lädt die heimelige Terrasse mit Blick auf das Grün der rückwärtigen Gärten ein (Königstr. 15, T 0451 399 82 10, www.marli.de, Bus: Koberg, Di–Fr 9–18, Sa/So ab 10 Uhr).

Cityplan: Karte 2, D 4–E 3 | Bus: Schüsselbuden und Koberg (10, 11)

St. Jakobi ist durch die Turmuhr einzigartig in Lübeck und schon von Weitem zu erkennen.

von deren farbiger Ausstattung eingenommen, besonders von der **Pfeilermalerei** aus dem 14. Jh. Die in doppelter Lebensgröße abgebildeten Apostel und Heiligen bestechen durch äußerst zart gezeichnete Gesichts- und Handkonturen. Der hl. Jakob und seine Insignien – Muschel und Pilgerstab – sind in vielfältiger Form innerhalb der Kirche zu finden. Bis man alle zwölf – oder sind es gar noch mehr? – entdeckt hat, bedarf es meist mehrerer Anläufe. Schauen Sie doch einmal in der Brömbse-Kapelle, der Sakristei, an den Gestühlwänden, Leuchtern, Pfeilern, der Taufe oder sogar auf dem Dach der Kirche.

Alles dreht sich um die Seefahrt

Bis heute wird die Kirche ihrem Ruf als Seefahrerkirche gerecht: Die nördliche Turmkapelle gilt als Nationale Gedenkstätte der zivilen Schifffahrt. Dort steht als Mahnmal das **Rettungsboot der ›Pamir‹.** Das Schwesterschiff der ›Passat‹ (► S. 72) sank 1957. Letzte Briefe und Tagebuchausschnitte der jungen Kadetten dokumentieren das ganze Leid, denn nur sechs der 86, überwiegend jungen Seeleute überlebten.

Sieben Jahrhunderte Pfeifen

Der größte Schatz der Kirche sind freilich ihre drei Orgeln. Das Klangbild der Pfeifen aus mehreren Jahrhunderten macht die Einzigartigkeit der Instrumente aus. Der gotische Kern der **Großen Orgel** wurde u. a. im 17. Jh. von Joachim Richborn erweitert, und noch heute ist ein Drittel des Pfeifenbestandes historisch. Die einzelnen Pfeifen ziehen die Aufmerksamkeit auf sich. Sie sind mit Gesichtern verziert, aus deren offenen Mündern der Ton dringt. Die nach ihrem Erbauer Friedrich Stellwagen (17. Jh.) benannte **Stellwagen-Orgel** geht auf das Jahr 1467 zurück und besitzt noch 90 % der originalen Substanz. Deren einzigartiger Klang erfüllt den gesamten Kirchenraum, ein wirklicher Genuss. Diese Klangfülle verdankt sich vor allem Hugo Distler, der als Organist der Kirche 1931–37 eine Restaurierung des Instruments veranlasste. Das dritte Instrument aus der bedeutenden ›Orgel-Familie‹ ist das **Richborn-Positiv.** Die zierliche Orgel wurde 1673 für den Lettner gestiftet. Im originalen Schrank der Zeit verbirgt sich ein 2003 in Schweden nachgebautes Werk.

Süßes Brot und herber Tropfen – **Marzipan und Rotspon**

3

Wer kennt es nicht, Lübecks weltbekanntes Markenzeichen? Einst Heil- und Stärkungsmittel, hielt das Marzipan im 19. Jh. Einzug in die Zuckerbäckereien. Der Rotspon ist zwar nicht ganz so bekannt, hat aber eine ähnlich spannende Geschichte. Probieren sollten Sie beides – etwa bei Niederegger und der Weinhandlung H. F. Melle.

Es gibt zahlreiche Legenden, die sich um Marzipan ranken: *Marci Panis,* Brot des Markus. Eine davon besagt, dass Lübeck um 1407 belagert wurde und infolgedessen eine Hungersnot herrschte. Der Senat befahl den Bäckern, aus den Mandel- und Zuckervorräten ein Brot herzustellen. Ein gewitzter Lübecker ging mit diesen Marzipanbroten vor die Tore zu den Feinden und verteilte sie mit den Worten, dass sie zu viel davon

Immer mit der Ruhe: Beim Kolorieren der Marzipan-Dekoration ist eine besonders ruhige Hand gefragt.

Ein sehr beliebtes Motiv der Lübecker Konditoren: das berühmte Holstentor

hätten und sonst alles verderbe. Als die Feinde das hörten, verloren Sie den Glauben daran, die Lübecker aushungern zu können, und zogen ab.

Der Name Marzipan soll auf die Münze ›Mauthaban‹ zurückzuführen sein, die um 1000 als Zahlungsmittel im Orient und um 1200 als Mataban in Venedig im Umlauf war. Der Begriff (inzwischen ›Marzapan‹) übertrug sich auf die Schachteln, in denen u. a. das Konfekt versandt wurden. Später bezog er sich dann nur auf den Inhalt.

Ein lang gehütetes Rezept

Das Rezept des begehrten Mandel-Zucker-Gemisches kam im Mittelalter aus dem Orient nach Europa. Allerdings hieß es da noch Apothekenkonfekt, da seine Herstellung bis zum 18. Jh. ausschließlich den Apothekern vorbehalten war. Es galt als kostbares Heil- und Stärkungsmittel und sogar als edles Gastgeschenk an Königs- und Fürstenhöfen. Erst mit der Gewinnung von Rübenzucker Anfang des 19. Jh. wurde die Herstellung des Marzipans günstiger. Die Zuckerbäcker bekamen Zugang zu dem Rezept und begannen unverzüglich mit der Fertigung der köstlichen Masse. Der junge Konditor **Johann Georg Niederegger** war einer der Ersten. 1806 gründete er sein Unternehmen, das man heute am ehesten mit Marzipan verbindet.

S
SCHUTZ

Lübecker Marzipan ist eine geschützte Bezeichnung: Es muss in Lübeck hergestellt sein, ohne Konservierungsstoffe und Stabilisatoren, mit geringem Zuckerzusatz.

Figurenfülle und Verpackungskunst

Noch bevor 1865 Schaufenster in Mode kamen, präsentierten Lübecker Konditoren bereits in Weihnachtsausstellungen ihre Marzipan-Wunderwerke. Es wurden u. a. das Holstentor, Früchte und farbige Tierfiguren gefertigt – das Marzipanschwein soll es in 500 Varianten gegeben haben! Für die Ausformung von Torten und Reliefs dienten ideenreiche Modeln. Bald gingen einzelne Motive der Formenschneider in Serie.

Das Konfekt wurde in Spanschachteln angeboten. Für die Lieferung von Haus zu Haus waren diese festen Behältnisse jedoch nicht notwendig. So entwickelte der Lübecker Buchbinder Johannes Moll 1860 verschieden gefaltete Pappschachteln. Die Außenflächen nutzte man als Werbeträger und beklebte sie mit kunstvollen Etiketten. Etwa zehn Lübecker Lithografen wurden mit dieser Arbeit betraut – ihre unendlich variationsreichen Entwürfe sind im Musterbuch von Karl Hemberg (1820–98) zu sehen. Der Grafiker Alfred Mahlau (1894–1967) schuf nach dem Ersten Weltkrieg die neuen Entwürfe mit der **Silhouette von Lübeck,** die noch heute von der Firma Niederegger und in abgewandelter Form von den Schwartauer Werken (Marmelade) verwendet werden.

Ein Wein für den Kaiser – Rotspon

Lübecks zweite kulinarische Spezialität hat eine ebenso interessante Entstehungsgeschichte. Schon im 14. Jh. luden hanseatische Salzschiffe auf ihrer Rückfahrt von der Biskaya als Beifracht Fässer mit französischem Bordeaux-Wein. Bis zur Flaschenabfüllung reifte er in Lübecks Kellern mit deren spezifischer Temperatur und dem Seeklima nach. Bei der langen Lagerung färbten sich die ehemals weißen Eichenspanfässer intensiv rot, was dem Wein den Namen gab: Rotspon für roten Span. Seine Bekanntheit verdankt er jedoch Napoleon. Der plünderte bei Lübecks Besetzung auch die Weinkeller und bemerkte den Unterschied zu den heimischen Weinen. Denn der französische Wein erhält erst durch diese spezielle Lagerung seinen feinen Geschmack.

Tradition verpflichtet: Lübecker Rotspon im Lübeck-Glas

INFOS/ÖFFNUNGSZEITEN

Das **Marzipan-Museum** (🕮 B 9) im Haus des Café Niederegger erzählt die Geschichte des süßen Konfekts (Breite Str. 89, 2. Stock; Fabrikverkauf, Zeißstr. 1–7, T 0451 5 30 10, Mo–Fr 8–17, Sa 9–14 Uhr).
Rotspon bei **H. F. von Melle** 1 (Beckergrube 86, www.von-melle.de, Mo–Fr 9–18, Sa bis 13 Uhr)

KULINARISCHES FÜR ZWISCHENDRIN

Im **Café Niederegger** 1 erleben Sie unten die ganze Kunst der Zuckerbäcker. Oben im Café ist die berühmte Marzipantorte ein Muss (www.niederegger.de, Mo–Fr 9–19, Sa 9–18, So 10–18 Uhr).

Cityplan: Karte 2, D 4/5 | Bus: Schüsselbuden (10, 11) und Kohlmarkt (6, 9)

4

Dichter, Denker, Nobelpreisträger – **Lübecker mit Grips und Mut**

Thomas Mann, Günter Grass und Willy Brandt haben prägende Teile ihres Lebens in Lübeck verbracht. Das Buddenbrookhaus lässt Szenen aus dem bekannten Roman Manns lebendig werden, Sie lernen den Schriftsteller Grass als bildenden Künstler kennen und das beeindruckende Lebenswerk Brandts als ein wesentliches Stück deutscher Zeitgeschichte.

Die Nobelpreisträger Willy Brandt, Heinrich Böll und Günter Grass im Blick der politischen Karikatur

Zwischen 1841 und 1891 wohnten die Großeltern der Brüder Thomas und Heinrich Mann in dem Haus Mengstraße 4. Die Enkel waren dort oft zu Besuch, und beim Gang durch das Museum

kann man sich unschwer vorstellen, wie es dort zuging. Heute überrascht das **Buddenbrookhaus** 1 mit einem ungewöhnlichen Ausstellungskonzept: Mit dem Roman »Die Buddenbrooks« von Thomas Mann in den Händen tauchen Sie in den Alltag der fiktiven Lübecker Kaufmannsfamilie ein und werden Zeuge von deren Niedergang. Zettel an den Requisiten verweisen auf die Seitenzahlen im Roman: Die letzte Nacht vor dem Auszug ist angebrochen, die Möbel im Speise- und Landschaftszimmer sind zum Schutz mit Tüchern abgedeckt, das ungeduldige Schnaufen der bereits angespannten Pferde klingt von der Straße herauf …

Im Buddenbrockhaus können Sie Thomas Manns fiktiver Kaufmannsfamilie ganz nahe kommen.

Ungleiche Brüder

Die Ausstellung im Erdgeschoss des Museums widmet sich den unterschiedlichen Lebenswegen der Mann-Brüder Heinrich und Thomas. Die beiden ältesten Kinder des Lübecker Kaufmanns und Senators Thomas Johann Heinrich Mann und dessen Ehefrau Julia begannen schon sehr früh mit dem Schreiben. Ihre politischen und schriftstellerischen Auffassungen führten die Brüder jedoch in konträre Richtungen.

Heinrich Mann (1871–1950) sah sich als politischen Literaten, der mit seinen Werken zu gesellschaftlichen Veränderungen beitragen wollte. Die Veröffentlichung seiner bekanntesten Romane »Professor Unrat« und »Der Untertan« wurde zunächst verboten, prangerte er darin doch die Obrigkeitshörigkeit der wilhelminischen Zeit und die Scheinmoral vieler Bürger an. Erst nach Ende des Kaiserreichs wurden die Bände verlegt, und »Professor Unrat« erlangte durch die Verfilmung (»Der blaue Engel«) Weltruhm.

Thomas Mann (1875–1955) war ein Perfektionist der Sprache. Er feilte so lange an einem Satz, bis jedes Wort »präzise und verantwortungsvoll« gesetzt war. Bereits mit Mitte Zwanzig schrieb er seinen Roman »Die Buddenbrooks«, für den er 1929 den Nobelpreis erhielt.

Im Haus hat auch die **Erich-Mühsam-Gesellschaft** ihren Sitz. Der in Lübeck geborene Mühsam kämpfte ausdauernd gegen soziale Ungerechtigkeit und die Nationalsozialisten, wurde mehrfach inhaftiert und 1934 nach Misshandlungen und Folter im Konzentrationslager Oranienburg ermordet.

▶ LESESTOFF

Der ehemalige Leiter der Feuilletonredaktion der »Lübecker Nachrichten« Wolfgang Tschechne erzählt in seinem Buch **Thomas Manns Lübeck** nicht nur über Leben und Werk des Autors, sondern zeichnet auch ein Bild der damaligen Gesellschaft in Lübeck.

Ordentlich die Trommel gerührt: Auch die Verfilmung der »Blechtrommel« durch Volker Schlöndorff (1979) wurde zum Welterfolg, ausgezeichnet mit einem Oscar und der Goldenen Palme.

Ein Allrounder mischt sich ein

Das **Günter-Grass-Haus** 2 stellt den Literaturnobelpreisträger in all seinen künstlerischen Facetten dar. Butt, Schnecke, Köche und Nonnen – beliebte Motive in seinen literarischen und grafischen Werken – begegnen dem Besucher beim Gang durch die Ausstellung bald wie ›alte Freunde‹. Im Museumsgarten etwa steht man einem überlebensgroßen Butt Aug in Aug gegenüber. Seine künstlerische Karriere begann Günter Grass (1927–2015) als ausgebildeter Grafiker und Bildhauer. Neben ersten Ausstellungen fing er Mitte der 1950er-Jahre mit dem Schreiben an. Sein Roman »Die Blechtrommel« verhalf ihm zu weltweitem Ruhm. 1999 erhielt er den Nobelpreis für Literatur für sein Lebenswerk. Grass war immer politisch engagiert und jahrelang Mitglied der SPD. So lernte er auch Willy Brandt kennen.

Ein Stück Zeitgeschichte

Über den Museumsgarten besteht ein direkter Zugang zum **Willy-Brandt-Haus** 3. Das bewegte Leben des Ausnahmepolitikers Willy Brandt (1913–92), geboren als Herbert Ernst Karl Frahm, spiegelt wie kaum ein anderes das politische Geschehen des letzten Jahrhunderts in Deutschland und Europa. Spannend inszeniert, widmet sich die Ausstellung den historischen Ereignissen und Wegmarken in der Biografie des Politikers. So erfährt man auch weniger bekannte Details über dessen Eintritt in die sozialistische Arbeiterpartei (SAP). Frahm kämpfte mit ihr im Untergrund gegen den Nationalsozialismus, was seine Emigration nach Norwegen erforderlich machte.

Text-, Film- und Tondokumente illustrieren umfassend Brandts Politikerkarriere vom Regierenden Bürgermeister von Berlin bis zum Bundesaußenminister, Vizekanzler und schließlich Bundeskanzler der sozialliberalen Koalition. Nach seinem Rücktritt 1974 als Folge der Guillaume-Affäre engagierte er sich bis zu seinem Tod 1992 für eine friedliche Völkerverständigung. Für seine auf Entspannung ausgerichtete Ostpolitik erhielt Willy Brandt 1971 den Friedensnobelpreis und 1985 in Washington den Albert-Einstein-Friedenspreis für seine Verdienste um den Weltfrieden. Ein Originalstück der ehema-

S STOLPERN

Das **Projekt ›Stolpersteine‹** hält die Erinnerung an die Opfer des Nationalsozialismus wach. Man findet sie überall auf Lübecks Straßen. »Hier wohnte …«, so beginnt jede Prägung in der Messingplatte. Es folgen Name, Geburtsjahr, Datum der Deportation oder Verhaftung sowie der Ermordung. Der Künstler Gunter Demnig schuf sie mit dem Gedanken: »Um die Namen zu lesen, müssen wir uns vor ihnen verbeugen.« www.stolpersteine.eu

ligen Berliner Mauer ist im kleinen Hof aufgebaut. Und es klingen einem sofort die legendär gewordenen Worte im Ohr, mit denen Willy Brandt den Fall der Mauer 1989 kommentierte: »Jetzt wächst zusammen, was zusammengehört«.

UM DIE ECKE

Das **Kinderliteraturhaus** 4 ist ein Paradies für kleine Leseratten. Dort können sie in gebrauchten Bücherschätzen schmökern und diese für kleines Geld mit nach Hause nehmen. Für alle Altersklassen werden Seminare und Workshops angeboten (u. a. Hörspielmachen, Bücherschreiben oder Poetry-Slam).

INFOS/ÖFFNUNGSZEITEN

Buddenbrookhaus 1: Mengstr. 4, www.buddenbrookhaus.de, bis voraussichtl. 2023 wg. Renovierung geschl., einige Teile der Ausstellung ziehen für die Zeit ins Behn- und Drägerhaus, Königstr. 9–11, Di–So 10–17 Uhr, 8/2,50 €
Günter-Grass-Haus 2: Glockengießerstr. 21, T 0451 122 42 30, www.grass-haus.de, tgl. 10–17, Jan.–März ab 11 Uhr, Mo geschl., 8/2,50 €
Willy-Brandt-Haus 3: Königstr. 21, T 0451 122 42 50, www.willy-brandt-luebeck.de, tgl. 11–18 Uhr, Eintritt frei
Kinderliteraturhaus 4: Fleischhauerstr. 71, T 0451 707 38 10, www.buecherpiraten.de, Mo–Fr 10–18 Uhr

KULINARISCHES FÜR ZWISCHENDRIN

In dieser seit 1293 existierenden Backstube wird traditionell gebacken: Das **Freibackhaus** 1 stellte einst wie heute auch noch Backwaren von besonderer Bio-Qualität her, die man schmeckt. Der Blickfang im Laden ist die Mühle, in der das Mehl täglich frisch gemahlen wird. Angeboten werden verschiedene Brot- und Brötchensorten wie auch süße Teilchen und als Besonderheit vegane Backwaren, alles frei von Zusatzstoffen (Glockengießerstr. 42, www.landwege.de, Mo–Fr 7–18, Sa bis 13 Uhr).

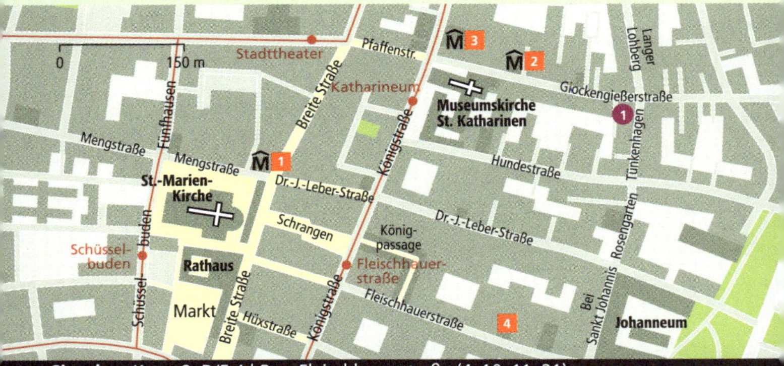

Cityplan: Karte 2, D/E 4 | Bus: Fleischhauerstraße (4, 10, 11, 21)

Ein Haus für alle Fälle – **das Lübecker Dielenhaus**

Heute sind viele dieser für Lübeck so typischen Häuser vollständig renoviert und als Wohnraum begehrter denn je. Einige davon sind der Allgemeinheit zugänglich. Deren großzügige Dielen dienen als Ladengeschäfte (Weinhandlung H. F. von Melle, Kunsthaus Lübeck), als Restaurant (Schabbelhaus, Stadtschänke) oder Ausstellungsraum (Berkentienhaus).

Mut, Weitsicht und die nötigen Geldmittel waren im mittelalterlichen Lübeck gefragt, um etwas Neues zu wagen: Nach dem Stadtbrand von 1276 beschloss der Rat, die Häuser nur noch aus Stein errichten zu lassen. Das war nicht nur sinnvoll, sondern hob Lübeck bis ins 16. Jh. aus allen anderen Städten heraus und verhalf der Stadt zu hohem Ansehen. Landein, landaus sprach man bewundernd von der ›Steinernen Stadt‹.

Die Dornse war das Herzstück jedes Dielenhauses.

Kein Quader ist wie der andere

Naturstein war in der Umgebung nicht zu finden, so kamen die Tongruben vor den Toren Lübecks gerade recht: Die Lübecker konnten sich die benötigten Steine selbst backen!

Die ersten **Backsteine** wurden aus gerolltem Lehmteig geschnitten und waren daher in Größe und Form relativ uneinheitlich. Erst als man begann, den Lehm in Holzkästen zu pressen, entstanden gleichförmigere Steine – sogar in fast beliebiger Form. Diese Form- und Profilsteine ermöglichten den Bau von Bogenfriesen, Gesimsen, Pfeilern etc. Zur Bereicherung der Ausdruckskraft trug auch die unterschiedliche Färbung der Backsteine bei. Je nach Tonmischung und Brandtemperatur reichte sie von ocker über dunkelrot bis fast schwarz. Die einheitlich ausgerichteten Giebel und die gleichmäßig roten Fassaden der Dielenhäuser sorgten für eine einheitliche Straßenfront mit klarer Linie. So konnten sie aufgelockert werden durch Farb- und Setzmuster, Ziersimse, gemauerte Ornamente oder einen Wechsel mit glasierten Steinen.

Rosige Einsichten: wunderbare Rokokotür im Vogteigebäude in Travemünde

Eines für alle

Größe und Ausstattung des Dielenhauses hing vom Wohlstand des Besitzers ab, sagte aber nichts über dessen Gewerbe aus. Es war kein Kaufmann, der diesen Haustyp in Lübeck einführte, sondern ein Gerber. Der **gotische Grundriss,** der sich bis ins 18. Jh. fast unverändert erhalten hat, passte eben immer, selbst wenn die Nutzung im Laufe der Jahrhunderte mehrmals wechselte: Die mehrgeschossigen Häuser betritt man durch die bis zu 5 m hohe **Diele.** Diese diente nicht nur als Warenausstellungs- und Umschlagplatz für die Kaufleute, als Standort für die Braukessel oder als Werkstatt, sondern fungierte gleichzeitig als Aushängeschild des Besitzers. Wände und Balkendecke zierten daher oft kunstvolle Malereien.

W
WINDIG

Die Waren aus der Diele wurden oft mit Radwinden bis in schwindelnde Höhen in das Dachgeschoss gezogen. Die älteste erhaltene Winde stammt aus dem Jahr 1319 und wurde im Haus Koberg 2 gefunden.

Keine Platzprobleme

Voraussetzung für einen reibungslosen Handel war genügend Platz für die gehandelten Waren. Diese wurden von den Schiffen durch Träger in die Dielen transportiert und dort mithilfe einer Radwinde in die darüber liegenden Lagerböden gehievt. Die **Dornse,** ein neben der Eingangstür abgeteilter Raum, war

Auch heute werden die Dielen noch als Lager- und Verkaufsräume genutzt.

gleichzeitig Kontor, gute Stube und Repräsentationsraum. Dahinter war der Herdplatz angelegt, der später mit Glaswänden zur typischen ›Lübecker Küche‹ umbaut wurde. Die privaten Räume befanden sich in den schmalen Flügelanbauten im Innenhof. Dort lagen auch der Brunnen und die Aborte. Erst ab dem 16. Jh. wurden die oberen Stockwerke als Wohnraum genutzt.

Visitenkarten der Bewohner

Die Lübecker Bürger legten stets besonderen Wert auf die Ausgestaltung ihrer **Haustüren.** Sie sind mehr als ein erster Hingucker, verleihen dem Haus seinen ganz eigenen Charakter. Gleichzeitig geben sie Auskunft über dessen Besitzer: seine Selbsteinschätzung und die Stellung in der Gesellschaft. Wunderbare Exemplare vor allem aus dem 17. und 18. Jh. sind noch an einigen Stellen in der Stadt zu entdecken: Mengstraße 36, 66, 70 (🗺 D 4), An der Obertrave 39, 42 (🗺 D 5/6), Glockengießerstraße 42 (🗺 E 4), Aegidienstraße 18–22 (🗺 E 5), Königstraße 8 (🗺 E 4) und einige mehr. Welche wird Ihre Lieblingstür?

BLICK HINTER DIE FASSADE

In dem über 400 Jahre alten **Berkentienhaus** wurde noch bis 1995 das Glaskunst-Handwerk betrieben. Aus der Werkstatt des Glasermeisters stammen unter anderem die Westfenster des Kölner Doms und die neuen Totentanzfenster von Alfred Mahlau. Die heutigen Besitzer leben und arbeiten in den beiden oberen Etagen, in denen die bunten Glas-Kunstwerke überall präsent sind. Die Geschichte der Kunstglaserei ist in einem kleinen Raum über der Diele zusammengetragen. Zurzeit ist das Haus nur an Samstagen zwischen 14.30–18.30 Uhr geöffnet; www.berkentienhaus.de.

Cityplan: Karte 2, D 4 | Bus: Schüsselbuden (10, 11)

Abwechslungsreiche Kulturmeile – **die Obere Königstraße**

#6

Was haben emanzipierte Frauen des 17. und 19. Jh., die Kirche eines Bettelordens, die Familie eines der größten Kunstmäzene der Stadt, ein Dichterfürst und die erste Kranken- und Sozialstation Lübecks gemeinsam? Ein Spaziergang durch die nördliche Hälfte der Königstraße bis zum Koberg verbindet sieben spannende Geschichten miteinander.

Die **Löwenapotheke** 1 an der Ecke Dr.-Julius-Leber-Straße (Nr. 13) ließ um 1230 ein Lübecker Ratsherr errichten. Es ist somit im Kern eines der ältesten Bürgerhäuser Lübecks. Bis 1706 gaben sich Ratsherren und Bürgermeister die Klinke des Hauses in die Hand, ab 1812 kam es in den Besitz

Komm' mal runter: Ein wunderbarer Ort zum Abschalten sind die Innenanlagen der Stiftungshöfe.

von Apothekern. Einer der interessantesten war Theodor Schorer (1836–1918), der sich während der Cholera-Epidemien um die Qualität des Lübecker Trinkwassers verdient gemacht hatte. In seinen Privaträumen führte er ein offenes Haus und war in seinen Ansichten seiner Zeit weit voraus. So ermöglichte er seinen Töchtern eine Berufsausbildung und damit eine erstaunliche Karriere: Cornelia Schorer (1863–1939) erhielt als erste Lübeckerin einen Doktortitel in Medizin. Ihre Schwester Maria (1865–1931) studierte Malerei und gilt heute unter ihrem Künstlernamen Maria Slavona als eine der wichtigsten deutschen Impressionistinnen. Bilder von ihr hängen im Museum Behnhaus Drägerhaus (s. u.). Innen zeigt die Apotheke die originale Einrichtung sowie Tiegel und Fläschchen mit Heilmitteln, die teils noch heute nach alten Rezepturen hergestellt werden.

Seit der Zeit um 1800 blicken Götter-Figuren von der klassizistischen Fassade auf den Besucher herab.

Nur eine Einzige blieb

Von außen stuft man die **Basilika St. Katharinen** 2 nicht gleich als Kirche ein, da sie wie alle Bettelordenskirchen keinen Turm, sondern nur einen Dachreiter besitzt. In der prächtigen Klinker-Fassade fallen schmale Nischen auf. Für einige schufen Ernst Barlach (1930–32) und Gerhard Marcks (1947/48) Keramikfiguren, die sich wunderbar der gotischen Architektur anpassen. Die Kirche ist Teil einer ehemaligen **Klosteranlage** des Franziskanerordens aus dem 14. Jh. Die meisten Gebäude werden vom Gymnasium Katharineum und der Stadtbibliothek genutzt. Im kühlen Inneren der Museumskirche überraschen der unebene Fußboden aus authentischen großen Grabplatten und die Helligkeit. Es gibt Wandmalereien aus dem 14. Jh., und die Front des Treppenaufgangs zum Oberchor ziert eine Darstellung mit Szenen aus dem Leben des hl. Franziskus aus dem 16. Jh. Die lebensgroße St.-Jürgen-Gruppe, eine Kopie der Figur von Bernt Notke (um 1500) fällt ins Auge, ebenso das Gemälde »Erweckung des Lazarus« von Jacopo Tintoretto (1576). Bis heute wird gerätselt, wie das Gemälde nach Lübeck kam.

S STREET ART

Der international tätige mallorquinische Urban Art-Artist **Joan Aquiló** hat auch Lübecks Gebäude und Straßenecken mit lebensnaher Kunst geschmückt. Sein größtes Werk ist die Wandbemalung des Café Bohne östlich der Altstadt in der Percevalstraße 22 (F4).

»Zum Nutzen und Besten der Armen«

Ein Abstecher in die Glockengießerstraße führt zu zwei der schönsten, heute noch bewohnten **Stiftshöfe** des 17. Jh. Reiche Kaufleute und Ratsmitglieder bestimmten testamentarisch einen Teil ihres Geldes für den Bau von Wohnraum und die Armenfürsorge. Witwen oder alleinstehende Frauen konnten dort ihren Lebensabend verbringen. Statt der schmalen Zugänge, wie sie bei den Ganghäusern zu finden sind, betritt man die Höfe durch prächtig gestaltete Portale – ein Denkmal für die Stifter. Sehenswert sind die wunderschön restaurierte Anlage des **Füchtingshofs** 3 (Nr. 25) und der älteste der Stiftshöfe, **Glandorps Hof** 4 (Nr. 49), den Johann Glandorp (1556–1612) mit

INFOS/ÖFFNUNGSZEITEN

Löwenapotheke 1: Mo–Fr 8–18.30, Sa 9.30–15 Uhr
Museum Behnhaus Drägerhaus 5: Königstr. 9 und 11, www.museum-behnhaus-draegerhaus.de, April–Dez. Di–So 10–17, Jan.–März ab 11 Uhr, 8/2,50 €
Heiligen-Geist-Hospital 7: Koberg 11, www.stiftungsverwaltung-luebeck.de, Di–So 10–17, Winter bis 16 Uhr

KULINARISCHES FÜR ZWISCHENDRIN

1535 erwarben die Schiffsbrüder – Kapitäne und Seehandelskaufleute – die historische Gaststätte **Haus der Schiffergesellschaft** 1 und bauten sie zum Versammlungshaus aus. Einmal muss man im Hauptraum an den langen Tischen sitzen, die aus Bohlen alter Schiffe gefertigt sein sollen. Gute regionale Küche (15,50–24 €) sowie ostseetypischen Labskaus und Lübecker National. Zu Stoßzeiten ist es sehr voll, vielleicht haben Sie Glück und finden einen Tisch im Sommergarten (Breite Str. 2, T 0451 767 76, www.schiffergesellschaft.com, Bus: Koberg, tgl. 10–24 Uhr).

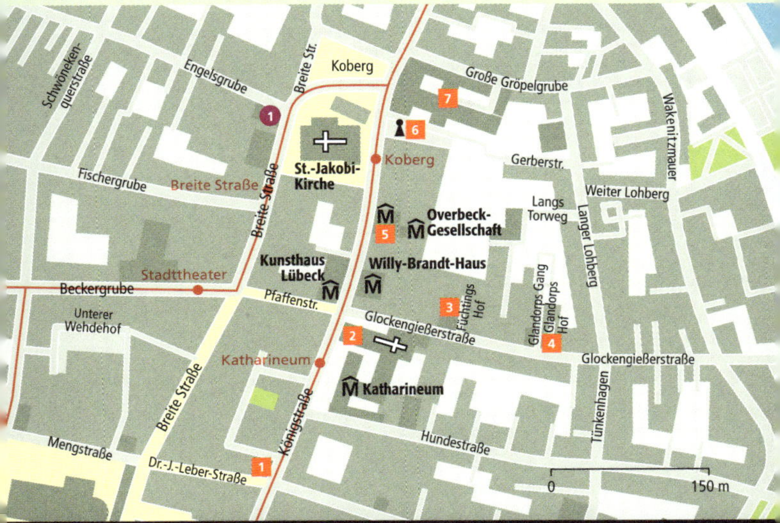

Cityplan: Karte 2, E 3/4 | Bus: Fleischhauerstraße (4, 10, 11, 21)

doppelgeschossigen Häuschen und einen Garten anlegen ließ. Der mit dem Hof verbundene **Glandorps Gang** entstand aus der Erbmasse von dessen Ehefrau Anna.

D
DENK MAL!

Kurz hinter dem Behnhaus Drägerhaus öffnet sich ein kleiner Platz mit dem überlebensgroßen **Bronzedenkmal** des 1815 in Lübeck geborenen und 1884 im Haus Königstraße 12 verstorbenen Dichters **Emanuel Geibel** 6. Ende des 19. Jh. gehörte Geibel zu den bekanntesten deutschen Poeten, heute wird er über Lübeck hinaus wenig gelesen. Einzig sein später vertontes Gedicht »Der Mai ist gekommen« ist vielen noch im Ohr.

Kunst- und Kultur-Mekka

Das **Behnhaus Drägerhaus** 5 ist das stilvollste Museum von Lübeck. Man betritt die beeindruckende Diele eines der beiden prächtigen Kaufmannshäuser aus dem 18. Jh. Von 1778 bis 1921 waren sie Wohnstätte von Ratsherren und Kaufleuten. Deren Wohnkultur wird durch die Fest- und Repräsentationsräume sowie die Privatgemächer der Hausherren eindrucksvoll präsentiert. Die Gemäldesammlung zeigt neben den Romantikern des 19. Jh., wie Johann Friedrich Overbeck oder Caspar David Friedrich, die Klassische Moderne mit Werken u. a. von Max Liebermann, Lovis Corinth, Max Pechstein, August Macke und Edvard Munch.

Der Skulpturengarten verspricht im Sommer Kühle und Ruhe.

Vorbild im Norden

Das **Heiligen-Geist-Hospital** 7 ist eine der ältesten Sozialeinrichtungen Europas. Es wurde von wohlhabenden Lübeckern als Krankenhaus Ende des 13. Jh. gestiftet. Um die Fassade mit den schlanken Pfeilertürmen und dem alles überragenden Dachreiter ganz erfassen zu können, muss man bis zur Mitte des Koberg-Platzes gehen. 1900 hielt Oskar Kokoschka diesen Blick auf Leinwand fest.

Die meisten Räume des Hospitals sowie Hof und Garten gehören zu einem Altenheim. Die Kirche sowie Teile des 87 m messenden **Langen Hauses** können besichtigt werden. Bis zu 170 Bedürftige waren dort untergebracht, zunächst in einfachen Bettgestellen unter dem offenen Dachgebälk, später in hölzernen Budenreihen (Kabäuschen). Diese Schlafkammern waren noch bis 1970 bewohnt.

Das Hospital betritt man durch die dreischiffige Hallenkirche und wird unvermutet von einem filigran ausgemalten Sterngewölbe sowie fantastischen gotischen Wandmalereien empfangen. Auch der Lettner mit 23 Tafelbildern zur Elisabeth-Legende stoppt den Schritt. Den alljährlich stattfindenden Kunsthandwerker-Weihnachtsmarkt sollten Sie auf keinen Fall versäumen. Allein die Atmosphäre ist das Eintrittsgeld wert.

Für Bücherwürmer – **Historische Bibliothek und Schwarze Kunst**

7

Der Gekämmte Pochkäfer hatte einst in der über 390 Jahre alten Bibliotheca publica große Schäden angerichtet. Heute ist er zum Glück nicht mehr anzutreffen, andere ›Bücherwürmer‹ sind dagegen stets gern gesehene Gäste. Lübeck war seit jeher ein Zentrum des Buchdrucks. Einem der ersten Vertreter dieser Zunft verdanken wir das Wort »verballhornen« – zu Unrecht.

Die **Lübecker Stadtbibliothek** 1 ist baugeschichtlich einmalig in Deutschland. Sie umfasst Gebäudeteile aus dem Mittelalter sowie aus dem 19. und 20. Jh. **Scharbau- und Konsistorialsaal** bilden die Gründungsräume der Bibliothek. Sie dienten einst

Nicht nur die Bücher, sondern auch die historische Einrichtung beeindrucken in der Biblioteca publica.

als Schlafsaal der Franziskanermönche des angrenzenden Katharinenklosters. Ein Ratsbeschluss der weltlichen und geistlichen Obrigkeit öffnete die Lesesäle für alle Lübecker Bürger. Bei der Eröffnung 1618/19 waren bereits 1100 Bände und 226 Handschriften zur Geschichte und Theologie in einem Katalog erfasst. Zu diesen ersten Büchern gehören viele in weißes Schweinsleder gebundene Werke, die in den über 3 m hohen Eichenholzregalen sofort auffallen. Zusammen mit der von Hinrich Scharbau gestifteten Bibliothek sind hier heute etwa 20 000 alte Bände versammelt.

Der neo-gotische **Mantels-Saal** wurde 1877 auf Initiative des Stadtbibliothekars Friedrich Wilhelm Mantels hinzugefügt. Eine neuerliche Erweiterung erfolgte 1926 mit dem **Willy-Pieth-Lesesaal.** Dessen expressionistische Fresken an den Stirnseiten waren in den 1930er-Jahren braun übermalt worden, wurden jedoch 1960 wieder freigelegt.

INFOS/ÖFFNUNGSZEITEN

Lübecker Stadtbibliothek 1: Hundestr. 5–17, www.stadtbibliothek.luebeck.de. Besichtigung nur mit einer Führung: jeden 1. Mi des Monats 17.30–18.45 Uhr, Treffpunkt: Eingangsbereich der Bibliothek.

Verlag Schmidt-Römhild 2: Mengstr. 16, T 0451 70 31 01, www.schmidt-roemhild.de, Mo–Do 8–16, Fr 8–13 Uhr

Buchwald Druck 3: Wahmstr. 79, T 0451 734 59, www.buchwalddruck.de

Buchbinderei Blattgold 4: Aegidienhof, Weberstr. 1f, T 0451 592 98 91, www.buchbinderei-luebeck.de, Kernöffnungszeiten Di/Mi 13–18, Do/Fr 10–13 Uhr

KULINARISCHES FÜR ZWISCHENDRIN

Im ehemaligen Balhornhaus (► S. 46) bietet das Team vom **Kaffeewerk by Balhorn** 1 leichte Küche an. Man kann zwischen mehreren Frühstücksvarianten wählen und bekommt auch schmackhafte, vegetarisch-vegane Tagesgerichte (8 €), wie kandierten Ziegenkäse oder Kartoffel-Avocado-Salat. An warmen Tagen bietet der Hofgarten ein weiteres gemütliches Ambiente. Hundestr. 19–23, T 0451 61 12 60 28, Mo–Sa 9–18 Uhr, Bus: Katharineum.

Cityplan: Karte 2, D/E 4/5 | Bus: Fleischhauerstraße (4, 10, 11, 21)

Der Meister weiß was zu würdigen: Notat mit Widmung und Unterschrift Buxtehudes

Holz ist seine Leibspeise

Historische Werke sind nicht nur für zweibeinige Bücherwürmer wahre Schätze. Auch der Gekämmte Pochkäfer, ein äußerst gefräßiger Bücherwurm, hat diese wunderbaren alten Bücher mit ihren Holzeinbänden zu seiner ›Lieblingsliteratur‹ erkoren. Er legte regelrechte Netzmuster in manchen Büchern an – bis man ihm auf die Spur kam. Ein klein wenig Dank schulden wir dem zylinderförmigen Tierchen aber vielleicht doch: Die Jagd auf ihn nahm man zum Anlass, die drei historischen Säle umfangreich zu restaurieren und so prächtig wiederherzustellen, wie sie sich heute bei einer Führung präsentieren.

Deutschlands ältestes Druckhaus

Das Eckhaus in der Mengstraße Nr. 16 mit dem auffallenden, goldenen Schriftzug ist heute nicht nur Lübecks, sondern sogar Deutschlands ältestes Verlags- und Druckhaus. Seit 1579 entstehen im **Verlag Schmidt-Römhild** 2 die unterschiedlichsten Druckerzeugnisse, wie Verzeichnismedien und Fachzeitschriften. Im kleinen Tresen-Verkaufsraum findet man interessante Regionalliteratur zu Lübeck und Schleswig-Holstein.

Schwarze Kunst

Buchdrucker ließen sich vorzugsweise in den großen Handelsstädten und Bischofssitzen nieder, da dort Auftraggeber zu erwarten waren und Material für die Arbeit beschafft werden konnte. Im niederdeutschen Sprachraum war Lübeck nach Köln die zweite Stadt, in der sich die Drucker

► LESESTOFF

Der Verlag Schmidt-Römhild hat zusammen mit der Straßengemeinschaft Mengstraße das interessante Heft **Die Mengstraße** herausgegeben, das sich den Geschichten, Traditionen und verborgenen Schätzen der Straße widmet. Manfred Eickhölter, »Die Mengstraße«, 2002 ansiedelten. Seit 1488 galt es für Jahrhunderte als wichtigster Druckort für den gesamten Ostseeraum.

Lucas Brandis ließ sich als erster Buchdrucker 1473/74 in Lübeck nieder. Ihm folgte bald sein Bruder **Matthäus,** dessen Name mit dem frühesten Druck eines Gesetzestextes in Nordeuropa (»Jyske Lov«, 1486) verbunden ist.

Der um 1550 in Lübeck geborene **Johann Balhorn d. J.** gehörte zu den Buchdruckern, die bereits in der zweiten oder dritten Generation ihren Beruf in Lübeck ausübten. Seine Druckwerke waren weit gefächert: religiöse Schriften, Schulbücher, Chroniken, Erzählungen, erste Flugblätter und 1584 »De Düdesche Schlömer« von Johannes Stricker. Dieses niederdeutsche Jedermann-Spiel sorgte für reichlich Furore.

Zu eher fragwürdiger Berühmtheit gelangte Johann Balhorn zwei Jahre später selbst. Schuld war der Druck der »Lübischen Statuta«, des Lübischen Rechts. Der Lübecker Rat hatte die Neufassung der ursprünglich niederdeutschen Schrift in die Hände von Bürgermeister, Syndikus und eines Ratsherrn gegeben. Diese lieferten eine äußerst unzulängliche Bearbeitung mit angeblichen Verbesserungen. Auf dem Buchdeckel stand jedoch nicht der Name der Verantwortlichen, sondern: »gedruckt durch Johann Balhorn«. So musste dessen Name für einen Text herhalten, der derart verschlimmbessert worden war, dass er einen anderen Sinn ergab. Bald hatte sich der Begriff »verballhornen« verfestigt und ist bis in unsere Tage in Gebrauch.

P
PRIVILEG

Der Buchdruck galt damals nicht als Handwerk, sondern als Kunst – die Schwarze Kunst. Die Druckkünstler wurden unterstützt von den Goldschmieden, die die spiegelblanken Buchstaben fertigten. Erst ab dem 16. Jh. war der Beruf des Druckers als reglementiertes Handwerk anerkannt, zu dessen Zulassung es jedoch nur wenige Genehmigungen gab – ein Privileg.

Es lebt!

Das Handwerk der Buchdrucker und Buchbinder ist bis heute in Lübeck lebendig. Die **Druckerei Jens Buchwald** 3 bietet in der Wahmstraße edle Druckerzeugnisse an, in Handdruck mit den alten Pressen: individuelle Visitenkarten, Einladungen oder Briefbögen.

In der **Buchbinderei Blattgold** 4 im Aegidienhof sind zerlesene Lieblingsbücher und alte Buchschätze in besten Händen. In der Ladenwerkstatt bietet Hannelore Wolff außerdem vorgefertigte Einzelstücke wie Kladden, Fotoalben und Notizbücher an. Wertvolle Erinnerungsstücke werden in Einbänden aus Papier, Gewebe oder Leder für weitere Generationen sicher bewahrt.

Schönheitsideal im Wandel – **eine Zeitreise durch die Architektur**

#8

Einst kam in der früheren Kaufmannsstadt auf zehn Einwohner ein Handelsschiff – ein Wohlstand, der sich in stolzen Bauten niederschlug, sodass sich Lübeck zu einer der schönsten Städte Nordeuropas entwickelte. Trotz der immensen Zerstörung im Zweiten Weltkrieg blieben viele historische Bauwerke erhalten.

Eine herrliche Sicht auf die Lübecker Altstadt haben Sie von der Turmplattform der **St.-Petri-Kirche** 1. Im Süden lässt sich die Straße Große Petersgrube erkennen, in der die Tour beginnt. Wer nicht so tief in die Architekturgeschichte einsteigen möchte, kann sich einfach an der Schönheit und Vielfalt der unterschiedlichen Bauelemente begeistern.

Barock und Gotik einträchtig nebeneinander

Schlank und nach oben strebend

Die Gotik (1250–1530) wird in Lübeck von den fünf Kirchenbauten dominiert. In der Straße **Große Petersgrube** 2 haben sich jedoch mehrere Wohnbauten aus jener Zeit erhalten, erkennbar an ihren typischen Treppengiebeln. Die Betonung der Senkrechten durch spitzbogige Blenden mit Doppelluken erkennt man an den **Häusern Nr. 7, 11, 15 und 25** besonders deutlich. Einst wurden hinter den Luken die Waren gelagert. Heute sind sie oft verglast, um den Wohnraum zu belichten (Nr. 11). Das Haus Nr. 15 zeigt zum einen den Reichtum seiner Bauherren durch einen Wechsel von glasierten und rohen Backsteinen, andererseits die fehlende Kenntnis des Baugrundes. Es wurde auf dem einstigen Uferbereich der Trave errichtet und neigt sich nun aufgrund von Setzungen um fast einen Meter aus dem Lot – und hält doch!

Die Nachzügler

Die neue, sachlichere Bauform der Renaissance aus Frankreich und Italien erreichte Norddeutschland viel später. So spricht man in Lübeck zunächst von **Nachgotik** (ab 1530), einer prägenden Zeit für die Stadt: Der Stern der Hanse sank unaufhaltsam, und so entstanden kaum noch große Neubauten. Vielmehr setzten die Lübecker

INFOS/ÖFFNUNGSZEITEN

St.-Petri-Kirche 1: St. Petrikirchhof 1, Mo–So 11–16 Uhr, Fahrstuhl zur Plattform tgl. 9–20, Okt.–Dez. 10–19, Jan./Febr. bis 18 Uhr, 4 €, Café Mo–Sa 11–17 Uhr

---

KULINARISCHES FÜR ZWISCHENDRIN

Im **Café Czudaj** 1 (Mühlenstr. 1–3, T 0451 707 42 31, Mo–Sa 9–19, So 10–18 Uhr) sitzen Sie direkt am Klingenberg-Platz bei Torten und Gebäck aus der hauseigenen Konditorei.

MUSIK, MUSIK!

Bei über 350 Veranstaltungen im Jahr stellen Studenten und Dozenten der **Musikhochschule Lübeck** ihre künstlerische Bandbreite vor (www.mh-luebeck.de).

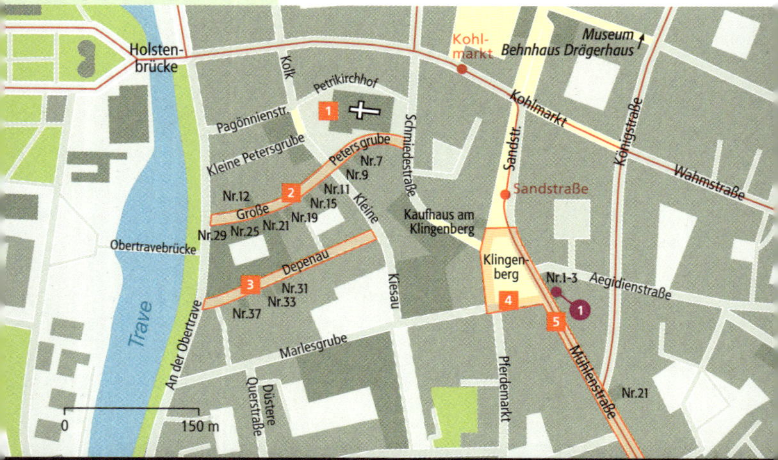

Cityplan: Karte 2, D 5 | Bus: Sandstraße und Kohlmarkt (1, 2, 6, 9, 16)

darauf, den Bestand an den Zeitgeist anzupassen. Zu Beginn des 16. Jh. ging alles ›in die Breite‹: Die Waagrechte wurde durch horizontale Gesimse hervorgehoben, die Doppelluken zu breiteren Fenstern aufgelöst und Spitzbögen abgeflacht. Mit dem Terrakotta-Bildhauer Statius von Düren erreichte die Renaissance auch Lübeck (s. u., Depenau, und ► S. 83).

Dynamik im ›Kopf‹

Strenge Bauvorschriften und die gemeinsamen Brandmauern zwischen den Häusern ließen in den mittelalterlichen Stadtstrukturen erneut nur ein Überbauen der Fassaden zu. Auffallend ist die neue Giebelform im **barocken Stil** (1660–1780), deutlich abgesetzt mit eingerollten Enden (Voluten) unten und geschweiften Hauben oben. Auch die übrige Vorderfront geriet in Bewegung mit Schwüngen, Wellen und Dekor und wurde nun farbig verputzt.

Jeder neue Besitzer hinterließ Spuren des jeweiligen Zeitgeistes. So zeigt das spätbarocke **Haus Nr. 9** den Schweifgiebel des Barock, die asymmetrische Aufteilung des Rokoko und eine Haustür, die mit ihrem Schleifendekor den Übergang zum Klassizismus belegt. **Haus Nr. 21** fällt vor allem durch den über alle Stockwerke reichenden vorspringenden Mauerabschnitt (Mittelrisalit) auf. Die Rokoko-Elemente beschränken sich auf den Dekor im Innern des Hauses, das heute als Eingang zur **Lübecker Musikhochschule** das Flair des Besonderen behält.

St. Petri hat einen wunderbaren Blick auf die Straßen von Lübeck.

Vornehme Zurückhaltung

Nach 1800 wurden die Giebel abgetragen und durch ein waagrechtes Gesims ersetzt. Hell verputzte, fast nüchtern wirkende Fassaden wurden den Häusern vorgeblendet und mit mächtigen Gesimsen wirkungsvoll horizontal gegliedert. Das Stadtbild erschien gegen Ende 1850 weiß, grau und senffarben. Die **Häuser Nr. 19 und 29** gehören zum **späten Klassizismus** des 19. Jh. mit klaren, hellen Putzfassaden und sind einem dänischen Architekten zuzurechnen. Schräg gegenüber erkennt man bei **Haus Nr. 12** den Einfluss aus der Berliner Architektenschule mit der typisch großflächigen Schlichtheit sowie den rautenförmigen und halbrunden Fenstern.

Vielfalt in der Depenau

In der Parallelstraße, der **Depenau** 3, sind besondere Formen des Klassizismus und der Renaissance zu beobachten. Das **Haus Nr. 37** vereint verschiedene Baustile in der Fassade. Eher ungekünstelt gehalten, besitzt es die glockenförmige Giebelhaube des Spätbarocks und ein hübsches Türoberlicht mit Drapierungen, das den Einfluss des Klassizismus belegt. Beispiele für den Übergang von Gotik zu Renaissance sind die **Häuser Nr. 33 und 31.** Während Haus Nr. 33 die typischen Spitzbögen und Doppelluken zeigt, wird nebenan die Horizontale mit einem schönen Terrakottafries aus der Werkstatt des Künstlers Statius von Düren betont. Die Fensterbögen sind mit Taustäben eingefasst, die ebenfalls typisch für den Stil um 1600 sind.

Architektur zum Anbeißen!

Die Moderne versucht Fuß zu fassen

Über Kleine Kiesau, Große Petersgrube und Schmiedestraße gelangen Sie zum **Klingenberg** 4. Die kurze Stilepoche des **Expressionismus** (1920–30) ist fast ausschließlich auf Deutschland beschränkt und bevorzugt wieder den Backstein als sichtbares Bauelement. Runde oder gezackte Formen sollen den Eindruck frei gestalteter Plastiken vermitteln. Die streng angeordneten, vorspringenden Erker mit den quadratischen Sprossenfenstern vom **Kaufhaus am Klingenberg** (1929, Sandstr. 24–28) werden durch die sanfte Biegung des Eckhauses und die goldenen Dekore auf den Spitzecken gemildert – ein typischer Bau dieser Zeit.

Dem Aufbruch ins Industriezeitalter und den damit einhergehenden gesellschaftlichen Wandel setzt die Architektur Kontinuität und Geschichtsbewusstsein entgegen mit dem **Historismus** (1830–1920). Das **Haus Nr. 1–3** in der **Mühlenstraße** 5 weist eine klassizistische horizontale Gliederung mit Dreiecks- und Segmentgiebeln über den Fenstern auf. Manch liebevolles Detail fällt beim Besuch des **Cafés Czudaj** 1 im Erdgeschoss ins Auge.

Die **Jugendstilelemente** (1890–1910) drücken sich überwiegend in Ornamentik und Flächendekoration aus. **Haus Nr. 21** zeigt schöne Stuckaturen des Jugendstils in hochwertig kunsthandwerklicher Ausführung: Blumenornamente und Fabelwesen schmücken die Fassade. Auch die filigranen, schwarzen Balkongitter wirken fast wie aufgemalt.

Wipperbrücke und Schlüpferallee – **Lübeck vom Wasser aus**

9

Eine Rundfahrt um die Altstadtinsel gehört einfach dazu zu einem Lübeck-Besuch. Mit ungewohntem Blick auf die Sehenswürdigkeiten der Stadt lassen sich manche Plätze neu entdecken. In gemütlichem Schippertempo lauscht man gespannt den Erläuterungen und Anekdoten des Bootsführers.

Während kurzweiliger 60 Min. umschifft die gläserne Barkasse die gesamte Altstadt von Lübeck. Unter elf Brücken hindurch werden Stadt- und Kanaltrave befahren. Mal weitet sich der Fluss, und es herrscht reger Schiffsverkehr, mal wird es ganz eng, und die grünen Ufer kommen nah an die Reling heran.

Idyll auf Abruf: Kann die Dankwartsbrücke erhalten werden?

Erst links herum …

Am **Schiffsanleger Holstentorterrassen** 1 an der Obertrave heißt es: »Leinen los!« Backbord fällt der Blick auf die historischen **Salzspeicher** 2. Diese Backsteinhäuser aus dem 16.–18. Jh. erinnern an die Zeit des ›weißen Goldes‹ (▶ S. 83). Unter der Holstenbrücke hindurch, kommen auf steuerbord die Traditionssegler des **Museumshafens** 3 in Sicht. Die Holzplanken frisch gewienert, warten die seetüchtigen Schiffe auf den nächsten Törn: die 1881 für die Eisfahrt gebaute Galeasse ›Fridtjof‹, benannt nach dem Polarforscher Fridtjof Nansen, der Gaffelschoner ›Krik Vig‹, mehrere Fisch-, Gaffel- und Lotsenkutter, ›Mathilde‹, der Besan-Ewer mit den zwei hoch aufragenden Masten sowie mehrere Schlepper und ein Eimerkettenbagger mit dem passenden Namen ›Wels‹.

ANBIETER VON BOOTSFAHRTEN

Quandt: Stadt-, Kanal- und Hafenrundfahrt, gegenüber den Salzspeichern, zweiter Halt an der Musik- und Kongresshalle, T 0451 777 99, www.quandt-linie.de, ca. 1 Std., 14/9 €
Stühff: Stadt-, Kanal- und Hafenrundfahrt, gegenüber den Salzspeichern, www.luebecker-barkassenfahrt.de, ca. 1 Std., 13/8 €
›Fehmarnbelt‹: Besichtigungen Sept.–April Mi ab 17 Uhr, Termine: www.fsfehmarnbelt.de, 2,50/2 €
›Lisa von Lübeck‹: Fahrten nach Travemünde-Rostock, Buchung und Termine: www.hanseschiff-luebeck.de

KULINARISCHES FÜR ZWISCHENDRIN

An der Uferpromenade sticht der **Kartoffelspeicher** 1 (k Karte 2, D 5) durch sein einladendes, gemütliches Ambiente ins Auge: gelungene Moderne in historischen Mauern. Bislang unerreicht ist die Vielfalt an Ofenkartoffeln, die durch ungewöhnliche Kombinationen neugierig macht (schon ab 5,50 €). Popeye enthält natürlich Spinat, aber auch Bulgur, Zaziki, Feta … Es gibt sie mit Fleisch und Fisch oder gänzlich vegan (An der Obertrave 6, Mo–So 11–20 Uhr).

Cityplan: C–F 2–7 | Bus: Holstentorplatz (1, 2, 5, 6, 7, 9, 10, 11, 16)

Die **Drehbrücke** zwischen Holsten- und Hansahafen, Lübecks älteste Brücke, wird nur auf Antrag geöffnet. Das Ausflugsschiff kann sie jedoch problemlos unterfahren, hinein in den Hansahafen. Links vor den Mediadocks ankert die **›Fehmarnbelt‹** 4. Das ehemalige Feuerlöschschiff kann in den Wintermonaten besichtigt werden und lädt im Sommer Gäste zum Mitfahren ein. Direkt daneben hat die **›Lisa von Lübeck‹** 5 ihren Liegeplatz. Sie ist eine Rekonstruktion eines Hanseschiffes aus dem 15. Jh. Mit über 30 m Länge ist sie größer als die älteren Koggen und gehört zum Schiffstyp der Kraweele. Den Sommer über segelt sie die Ostseeküste entlang und nimmt Gäste auf.

Ein kurzer Abstecher nach links in den **Burgtorhafen** 6 vermittelt Einblicke in das rege Arbeitsleben an den Lagerhäusern. Die unterschiedlichsten Frachtschiffe werden be- und entladen – wie in einer winzigen Nussschale schaukelt man neben den haushohen Riesen. Noch vor der Eric-Warburg-Brücke dreht der Kapitän das Schiff: Nun gilt es, die Fotoapparate bereitzuhalten: Alle fünf Kirchen mit ihren sieben Türmen posieren fürs Gruppenfoto!

Die Traditionssegler im Museumshafen gehen im Sommer auch auf große Fahrt.

... dann rechts herum

Unter dem Hubbrückenkomplex hindurch, der den Elbe-Lübeck-Kanal staut, fährt das Schiff in den **Klughafen.** Rechter Hand ragt das mächtige **Burgtor** 7 mit **Burgkloster** und **Europäischem Hansemuseum** 8 hervor. Die Häfen werden großenteils nicht mehr wirtschaftlich genutzt. Rechts und links führen gern befahrene Radwege an den Ufern entlang. Plötzlich zieht eine ungewöhnliche Brückenkonstruktion die Aufmerksamkeit auf sich: die **Klughafen-Brücke** 9. Unter diesem Namen kennen Fußgänger und Radfahrer die Brücke allerdings weniger: Die Lübecker nennen sie liebevoll ›Glitzerbrücke‹. Warum, erschließt sich, wenn Sie sie bei Dunkelheit und feuchten Straßen überqueren, dann spiegelt sich die Brückenbeleuchtung glitzernd im Belag.

Die Wakenitz begrenzte einst unmittelbar die Altstadt im Osten, ist heute aber in die zweite Reihe gerückt. Bei der **Rehder-Brücke** wird ihr Wasser mittels eines Dükers (Zuleitungskanals)

▶ LESESTOFF

Die historischen Kriminalromane von **Derek Meister** lassen die Zeit des 14. Jh. lebendig werden. Der beleibte und sturschädelige Kaufmann Rungholt begibt sich als eigenwilliger Ermittler auf Mördersuche. www.derekmeister.com

unter der Kanaltrave hindurch in den **Krähen-** und den **Mühlenteich** geleitet, die beide beliebte Stadtoasen sind.

M MYTHOS

Der Sage nach sind für die Neigung der Domtürme unterirdische Kräfte verantwortlich, die sich von ihrer Last befreien wollen – der Dom wurde auf einer heidnischen Quelle erbaut. Oder ist doch das Hochwasser der Grund für die Absenkung?

Unbekannte Plätze

Während die grünen **Wallanlagen** 10 näher an die Ufer heranrücken, wird es auf dem Fluss deutlich ruhiger. Einige Bootslängen weiter auf der Kanal-Trave haben sich zahlreiche Rudervereine angesiedelt, deren Boote leise durchs Wasser gleiten. Kurz darauf kommt die **Wipperbrücke** 11 in Sicht. Sie war im Mittelalter äußerst gefürchtet, denn hier wurden betrügerische Kaufleute ›gewippt‹ oder ›gingen über die Wippe‹, wurden also ertränkt!

Man fährt dicht am **Dom** 12 vorbei und sieht deutlich, wie stark sich die beiden Domtürme einander zuneigen. Die Häuser stehen hier dicht am Ufer, vom Wasser nur durch eine schmale Grünfläche getrennt. Beim Vorbeigleiten an dieser als **›Schlüpferallee‹** bekannten Seite der Obertrave wird es nostalgisch: Sitzplätze auf den Bänken sind rar, Fetzen lebhafter Unterhaltung wehen übers Wasser, Kinder spielen auf der Uferböschung, während ›Schlüpfer‹ und andere Wäsche an lang gespannten Leinen im Wind trocknen.

Schon kommt die Anlegestelle wieder in Sicht. Das Boot duckt sich noch einmal unter zwei Brücken hindurch: die **Dankwartsbrücke,** die zum viel gerühmten Malerwinkel führt, und die **Obertravebrücke,** deren Dekoration mit bunten Liebesschlössern stetig zunimmt und ihr den Namen ›Liebesbrücke‹ eingebracht hat.

Zuneigung auf Dom-Art: Die Schieflage der beiden Türme sollten Sie sich nicht entgehen lassen.

UM DIE ECKE

Über die Dankwartsbrücke gelangen Sie zum sog. **Malerwinkel** 13 (Karte 2, C 5). Unzählige Male ist der berühmte Blick auf die alten Häuser an der Trave und die dahinter aufragenden Türme von St. Petri und St. Marien bildlich festgehalten worden. Die Ansicht von Wilhelm Schodde (1883–1951) kann man noch als Postkarte im Antiquariat aufstöbern, ebenso Fotografien des Lübeckers Wilhelm Castelli (1901–84). Auch zeitgenössische Künstler wie Stefan Dobritz (geb. 1965) und Peter Witt (geb. 1966) können sich dem Blick nicht entziehen.

Einst pure Not, heute heiß begehrt – **die Ganghäuser**

10

Durch die Vorderhäuser an der Straße hat man schmale Durchbrüche geschaffen, die zu den ›Wohngängen‹ führen. Mitunter muss man den Kopf einziehen, ehe man das dämmrige Licht wegblinzeln kann und in der ganz eigenen Welt der Gänge landet – oft idyllisch, meist ruhig. Als städtebauliche Einmaligkeit gehören sie zum UNESCO-Weltkulturerbe »Altstadt von Lübeck«.

Zwei der schönsten Gängeviertel der Stadt finden Sie an der **Obertrave** und am **Koberg,** zwischen Engels- und Fischergrube. Wo einst die arme Bevölkerung wenigstens ein Dach über dem Kopf hatte, haben sich äußerst beliebte Wohnräume entwickelt – mitten in der Stadt und doch abge-

Hinter dem Eingangstor ist die Welt meist in Ordnung.

schirmt vom Trubel auf den Straßen. Die fotogenen Häuschen wirken ausgesprochen gemütlich und mit Tischen und Bänken vor der Tür sehr einladend.

Ü
ÜBRIG

Die Bezeichnung **Hof** wählte man bei einem für Karren ausreichend breiten Gang. Die **Buden** genannten Häuschen wurden ein- oder beidseitig in engen Korridoren, Höfe umbauend oder als ›Insel‹ in deren Mitte errichtet. Die neuen Gassen trugen den Eigennamen des Besitzers, des Gewerbes, der Größe oder der örtlichen Verhältnisse. Dementsprechend wechselten sie oft den Namen. Um die Wende vom 15. zum 16. Jh. wohnte knapp ein Drittel der Bevölkerung in den Gängen. Es waren die Viertel von Lohnarbeitern, Bediensteten der Kaufleute, Boots- und Seeleuten, Trägern, Hübschlerinnen und Beschäftigten des Gewerbes, das im Haupthaus ausgeübt wurde. Von den einst 200 Gängen sind heute etwa 80 erhalten.

Einzigartige Wohnidee

Nirgendwo in Deutschland gibt es solche engen Wohngänge wie in Lübecks Altstadt. Als Heinrich der Löwe Mitte des 12. Jh. die Stadt anlegen ließ, bildeten die Häuser zur Straße hin eine einheitliche Front. Die Wohngevierte umschlossen große Freiflächen, ›Hagen‹ genannt, die als Garten oder Hof genutzt wurden. Um 1400 drängten die Menschen von überall her in das reiche Lübeck, sodass für die wachsende Bevölkerung Wohnraum geschaffen werden musste. Da niemand jenseits der geschützten Stadt wohnen wollte, entstanden kleine Reihenhauszeilen auf den Hagen. Die Höhe des Durchlasses war unerheblich, allein die Breite musste den Transport eines Sarges gewährleisten.

Erdlöcher und hölzerne Abflussrinnen

Gänge entstanden bald auch in den tiefer gelegenen Vierteln nach Trockenlegung der Sumpfgebiete. Die Buden waren zwar immer klein, aber mit gleichem Grundriss wie das Vorderhaus ausgestattet: eine Dornse zum Schlafen oder Arbeiten, eine Diele, eine Feuerstelle, später Küche und ein Bodenraum. Der Aushub eines Kellers war in den feuchten Niederungsgebieten jedoch nicht möglich, daher dienten zwei Fuß tiefe Erdlöcher als Kühlschrank. Die beengte Wohnsituation und die katastrophalen sanitären Bedingungen zogen Epidemien und eine große Kindersterblichkeit nach sich. Es gab nur eine ausgehobene, später hölzerne Abflussrinne, in der alles erst bei Regen in die Trave oder Wakenitz abfloss. Erst um 1873 waren die ersten Siele für das Abwasser angelegt, eine Gasbeleuchtung war schon 20 Jahre vorher installiert worden.

Hafenarbeiter und Bäcker

Das ehemalige Seehafen-Quartier am Koberg ist eines der gängereichsten Viertel Lübecks. In den Straßen **Engelsgrube** 1 und **Fischergrube** 2 fällt zunächst auf, dass alle Eingänge und die Erdgeschosszimmer unterhalb des Straßenniveaus liegen. Der Grund ist, dass beide Straßen Ende des 19. Jh. wegen der besseren Befahrbarkeit durch Pferdegespanne in Richtung Breite Straße aufgeschüttet und begradigt werden mussten.

Der Name Engelsgrube hat übrigens nichts mit Engeln zu tun, sondern bezieht sich auf die englischen Schiffe, die in der Nähe ankerten. Vom Haus Nr. 43 führen ein paar Stufen hinunter in den **Bäckergang** 3. Gehen Sie nicht zu schnell hindurch, sonst übersehen Sie die Pfotenabdrücke von Katzen und Hunden auf den Backsteinen der Ummauerung. Die Tiere waren über die noch feuchten Steine gelaufen und waren damit die ersten Stars eines ›Walk of Fame‹. Hinter dem Zugang wird der Blick auf die denkmalgeschützten Fachwerkhäuschen frei – ein beliebtes Fotomotiv. Viele der Gänge bilden ein Netz im Häuserviertel mit oft mehreren, teils versteckten Ausgängen. So geht der Bäckergang in den **Lüngreens Gang** 4 über, der seinerseits in der Fischergrube 38 endet. In den Traufhäusern aus dem 17. Jh. wohnten einst die Seeleute und Werftarbeiter, die Salzpacker, Träger oder Fuhrleute.

In der Dämmerung kann man sich beinahe vorstellen, wie es im Mittelalter hier zuging.

Gefährliches Mitbringsel

Um die Ecke, in der Straße **Engelswisch,** lassen sich zwei weitere sehenswerte Gänge erkunden. Von der Hausnummer 28 zweigt der **Hellgrüne Gang** 5 ab. Achtung, Kopf! Mit einer Balkenhöhe von nur 1,50 m besitzt er einen der niedrigsten Zugänge! Er öffnet sich zu einem kleinen Platz, dessen Bebauung teils noch aus dem 16. Jh. stammt. Der **Dunkelgrüne Gang** 6 nebenan (Nr. 22) verbarg einst Garten- und Wiesenflächen. Heute sind die Buden wie Inseln im Hof angelegt. Beide Gänge besitzen jeweils zwei Ausgänge, zur Engelswisch und zur Untertrave. Ende des 16. Jh. erschütterte eine gewaltige Explosion das gesamte Viertel. Ein großer Teil der Buden wurde dabei zerstört und sogar die Burgkirche bebte – hieß es. Auslöser war die schlechte und verbotene Lagerung von Schießpulver, das ein Spanienfahrer ins Haus gebracht hatte.

Von Bootsleuten, einer Kneipe und dem ersten Bordell

Unterhalb des Doms liegt das Viertel der ehemaligen Stecknitzfahrer – deren altes Amtshaus steht

Ein ruhiges Plätzchen zum Entspannen, Lesen – und fotografiert werden

noch. Das Gangsystem war einst derart verwinkelt und berüchtigt als ideales Versteck ›zwielichtiger Personen‹, dass sich kein Ortsunkundiger hineinwagte. Auch heute muss man aufpassen, sich in dem verzweigten Gangnetz im Dreieck Hartengrube, Effengrube und An der Obertrave zurechtzufinden. Von der Effengrube Nr. 14 etwa gelangt man in den relativ breiten **Grützmacher Hof** 7, der einmal in den **Stüwes Gang** 8 übergeht, welcher An der Obertrave Nr. 46 seinen Ausgang hat.

In die andere Richtung führt der Weg in den **Rademacher Gang** 9 und durch einen Torbogen in die Hartengrube (Nr. 9). Schräg gegenüber, Hartengrube 20, fällt das prächtig mit Holzornamenten und Fabelwesen verzierte, sienarote Vorderhaus auf: Das einstige **Wirtshaus ›Der weiße Schwan‹** war beliebter Treffpunkt der Viertelbewohner. Schon 1296 hatte Johannes Swane das Grundstück erworben und einige Wohnungen im **Schwans Hof** 10 errichtet, mit direkter Sicht auf den hoch aufragenden Turm von St. Petri. Er ist der älteste und einzige Gang in Lübeck, der bis heute seinen Namen nicht änderte.

Der **Kalands Gang** 11 (Nr. 52), nur ein paar Schritte weiter, ist zwar nicht besonders spektakulär, macht aber durch seine Geschichte von

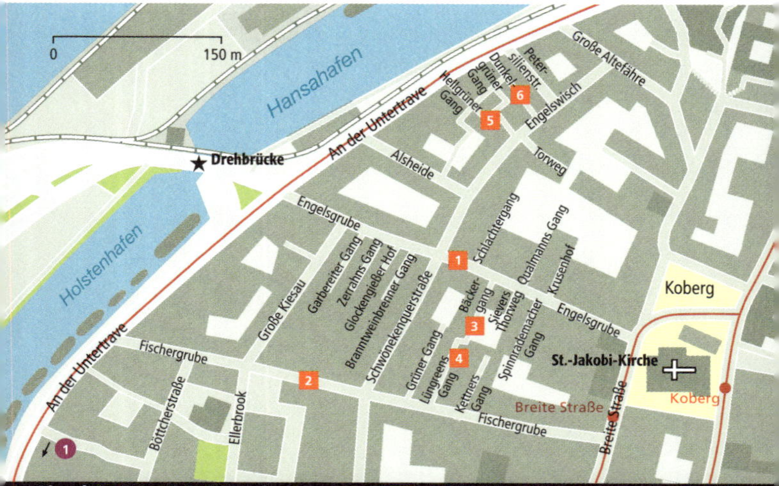

Cityplan: Karte 2, D/E 3 und …

sich reden. Zunächst lebten hier die Ärmsten der Armen. Im 15. Jh. wurde dann ein Bordell für die heimkehrenden Seeleute eröffnet. Die Einrichtung war dem Rat unterstellt und daher unter dem Namen ›Ratswohnung‹ bekannt! Ende des Jahrhunderts verkaufte der Rat dieses »peinliche Etablissement« an einen reichen Gewandschneider, dessen Nachfolger es wiederum fast 80 Jahre später durch Rechtsstreit an den St. Clement Kaland verlor. Um dem schlechten Ruf des Ganges endlich ein Ende zu setzen, verkaufte die kirchliche Organisation die Buden einzeln an ehrbare Handwerker und Flussschiffer. Es bestehen Übergänge zum **Heynaths Gang** 12 und durch den **Rosenhof** 13 an die Obertrave.

Hier ist das Ufer der Trave am grünsten, Bänke mit Blick auf die vorbeiziehenden Ausflugsschiffe laden zur Rast. Auch hier zweigen Wohngänge ab. Ungewöhnlich kurz und nur einseitig bebaut präsentiert sich der **Rehhagens Gang** 14 (Nr. 37). Im 15. Jh. hielt der Bürgermeister Hinrich von Stiten in einem Gehege Rehe! Daher auch das Wappen des springenden Hirsches an der Hausfront nebenan. Heute ist es das Revier der Stubentiger, die es sich auf der Bank vor den Sprossenfenstern mit den grünen Fensterläden bequem machen.

▶ INFOS

Lust auf mehr Gänge? Ein weiteres gängereiches Viertel finden Sie nördlich der Aegidienkirche (Karte 2, E 5).

Manchmal müssen die Bewohner der Gänge ganze Trauben von Touristen ertragen. Daher gilt: Der Hinweis »privat« ist unbedingt zu respektieren.
Am **Hansahafen,** vom Drehbrückenplatz bis zur Straße Große Altefähre, ist eine großzügige Hafenfläche entstanden mit Flanierbereichen und einer breiten Freitreppe bis zum Wasser.

KULINARISCHES FÜR ZWISCHENDRIN

Im **Finder's Café** 1 (k Karte 2, D 4) begeistert das Ambiente eines historischen Kaufmannshauses von 1569 mit prächtigen Wand- und Deckenmalereien sowie einer Holzintarsien-Decke in den oberen Stockwerken. Unter dem mittelalterlichen Gewölbe im Erdgeschoss oder im schönen Hofgarten genießt man hausgemachten Kuchen, Gebäck und Snacks sowie Kulturveranstaltungen (An der Untertrave 96, www.finders-cafe.de, Mi–So 12–18 Uhr).

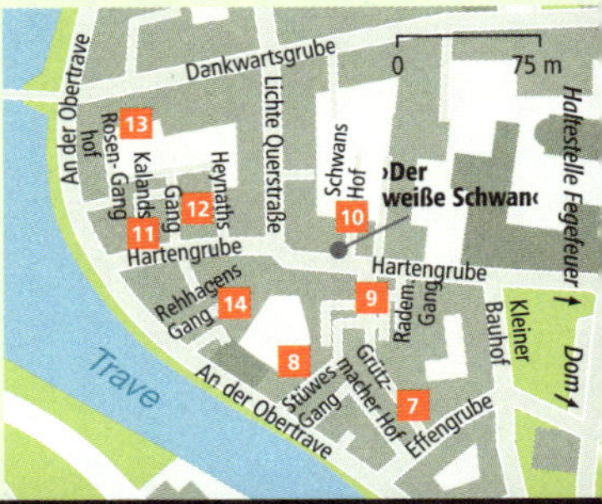

... Karte 2, D 5/6 | Bus: Fegefeuer und Koberg (4)

11

Mittelalter trifft Moderne – **das Museumsquartier St. Annen**

Die Originalfiguren der Puppenbrücke geben sich in St. Annen ein Stelldichein.

Durch ihre Präsentation in den ehemaligen Klosterräumen wirkt die deutschlandweit einzigartige Sammlung sakraler Kunst doppelt beeindruckend. Dank der geglückten Architektur gelingt auch der Übergang ins Haus der modernen Kunst fließend. Das nette Kunst-Café serviert im Sommer im grünen Innenhof – unter den wachsamen Blicken der Originalfiguren von der Puppenbrücke.

Im **Museumsquartier St. Annen** 1 sind das **St.-Annen-Museum** und die **Kunsthalle St. Annen** zusammengeschlossen. Sieben Jahrhunderte Kunst und Kultur können Sie auf verschiedenen Ebenen durchschreiten. Um eigene Schwerpunkte zu setzen, bietet der Multimediaraum die Möglichkeit, einzelne Daten aus der Zeitleiste in Bild, Ton und Text herauszufiltern und interaktiv zu erkunden.

Kloster, Armenhaus, Gefängnis, Museum

Als jüngstes und prächtigstes von Lübecks Klöstern entstand das Kloster der Augustinerinnen bis 1515. Zunächst brachten die reichen Lübecker Familienväter ihre unverheirateten Töchter hier unter, später wurde es zum Armenhaus, und einige Räume dienten sogar als Gefängniszellen. Nach dem Brand und der vollständigen Zerstörung im Jahr 1843 wurden nur die Klosterräume, nicht aber die Kirche, wieder aufgebaut. Mittelalterliche Schnitzaltäre, Tafelbilder, liturgische Gefäße und Skulpturen aus Lübecks Kirchen haben einen neuen Platz darin gefunden. Die Präsentation der prächtigen Kunstwerke des 13.–16. Jh. im hohen Kreuzgang, im einstigen Remter (Speisesaal) oder der Sakristei wirkt sehr stimmig.

Einige Exponate erfordern ein nahes Herantreten, um die anrührenden Schnitzarbeiten im Detail zu erkennen. Besonders szenenreich sind der **Marienaltar** aus dem Heiligen-Geist-Hospital (um 1525) oder der **Altar der Lukasbruderschaft** aus der Katharinenkirche (1484) mit Gemälden des Lübeckers Hermen Rode.

Erlesene Kostbarkeiten

Als größter Schatz der Sammlung gilt der sog. **Memling-Altar.** Die Brüder Greverade gaben den Passionsaltar in Brügge 1491 bei Meister Hans Memling in Auftrag. Man steht vor dem vollständig geöffneten Altar, der so im Mttelalter nur zu hohen Festtagen zu sehen war. Zu den herausragenden Ausstellungsstücken der Sammlung gehören auch die Kalksandsteinskulpturen der **Klugen und Törichten Jungfrauen** (um 1400). Die Unterschiede der Figurengruppen sind nicht etwa im Mienenspiel zu suchen, sondern in der

Ü ÜBRIGENS

Der vom Museum angebotene **Audioguide** ist sehr hilfreich, um manche Verwirrung bei der Interpretation der Darstellungen zu lösen. So irritiert etwa beim **Maria-Magdalenen-Altar** (um 1519) auf den ersten Blick die ›Bekleidung‹ Maria Magdalenas, die an ein Panzerhemd erinnert, das an den Knien aufgerissen ist. Man erfährt jedoch, dass sie von ihren eigenen Haaren bedeckt ist, nur die Knie sind vom inbrünstigen Beten schon ganz nackt: ein äußerst einprägsames Bild.

extravaganten Kleidung der Törichten, die den weltlichen Verführungen erliegen und auf diese Weise das Himmelreich nicht erlangen können. Die zierliche Figur der **Niendorfer Madonna** (um 1420) rührt durch ihre anmutige Haltung und den lieblichen Gesichtszug, der sie als ein Werk des Weichen Stils der Spätgotik ausweist. 1926 wurde die kleine Heiligenfigur in einer Scheune des ehemaligen Stadtguts Niendorf, heute Moisling, gefunden.

Wohnen und Spielen

Im Obergeschoss, wo einst die Betten der Armen und Waisen standen, wird heute die ehemalige **Wohnkultur** präsentiert: Originalmöbel aus Lübecker Häusern, Alltagsgegenstände, aber auch kunstvolle Objekte aus Glas, Porzellan, Silber und Fayence. Der Blick hinter die Kulissen der Handwerker- und Bürgerhäuser zeigt, wie man innerhalb der Mauern Lübecks vom Mittelalter bis ins 19. Jh. regierte, feierte und lebte. Die **Strucksche Diele** (1736) lässt besonders eindrücklich die damalige Lebens- und Arbeitskultur lebendig werden. Die **Spielzeugsammlung** zeigt, wie unsere Groß- und Urgroßeltern ihre Kindheit verbrachten. Die faszinierenden Puppenhäuser sind ein Spiegel des realen Lebens im Miniaturformat. Damit spielen durften die Kinder allerdings erst ab der zweiten Hälfte des 19. Jh. Vorher waren die Stuben reine Schauobjekte gewesen, an denen die Rollenverteilung schon früh demonstriert werden sollte.

Kunsthalle St. Annen: Nüchterne Moderne, Gotik im Sinn

Kunst der Moderne

Die Architektur der Kunsthalle St. Annen greift die Struktur der abgebrannten Klosterkirche auf, auf dessen Grundmauern sie steht. Gleichzeitig wurden Reste der gotischen Kirche in den nüchtern-modernen Bau integriert, sodass der Übergang von den historischen Klosterräumen äußerst harmonisch wirkt. Präsentiert werden **Gemälde und Skulpturen des 20. und 21. Jh.** Besonderes Augenmerk wird auf die Werke des Informel sowie der deutschen Malerei und Bildhauerei gelegt. Gleichzeitig finden Wechselausstellungen, teils mit internationaler Beteiligung statt, die immer wieder auch den Bezug zum Mittelalter aufgreifen.

UM DIE ECKE

Die 1880 eingeweihte **Carlebach-Synagoge** 2 ist zwar die einzige in Norddeutschland, die im Dritten Reich nicht in Brand gesteckt wurde – nur, weil man befürchtete, dass das Feuer auf umliegende Gebäude übergreifen könnte –, aber sie wurde im Stil eines ›Ritterhofs‹ mit unscheinbarer Backsteinfront umgebaut und zweckentfremdet. Das einst maurische Gotteshaus der jüdischen Gemeinde wird gerade saniert und soll in den ursprünglichen Zustand zurückversetzt werden.

Der französische Künstler **Julien Casabianca** (www.outings-project.org) möchte mit seinen *cut-outs* bzw. *outings* die Kunst aus den Museen auf die Straße holen. Auf die **Bunkerwand** 3 gegenüber der Ägidienkirche hat der auch als Filmemacher tätige Casabianca ein 16 m hohes »Outing« des Gemäldes »Kind im Spielzimmer« von Heinrich Eduard Linde-Walther angebracht. Das Original befindet sich im Museum Behnhaus Drägerhaus.

Künstler Julien Casabianca ›outet‹ sich.

INFOS/ÖFFNUNGSZEITEN

Museumsquartier St. Annen 1: St.-Annen-Str. 15, https://museumsquartier-st-annen.de, www.kunsthalle-st-annen.de, April–Dez. Di–So 10–17, Jan.–März ab 11 Uhr, Eintritt je 8 €, Quartierkarte: 13 € inkl. kostenlosem Audioguide. Regelmäßig wird zu klassischen Remter-Konzerten eingeladen (der Eintritt ist frei, um Spenden wird gebeten).
Carlebach-Synagoge 2: St.-Annen-Str. 11, T 0451 798 21 82

KULINARISCHES FÜR ZWISCHENDRIN

Ein Besuch im **Kunst-Café** 1 im Erdgeschoss lohnt immer, sei es zum Frühstück, für die Mittagsgerichte der mediterran ausgerichteten Speisekarte, für das köstliche Kuchenbüfett oder einfach für eine erholsame Tasse Kaffee (T 0451 889 84 04, Di–So 11–17 Uhr, im Sommer auch im Garten). Sozial, offen, familiär und alternativ: Im **SOFA Kulturcafé** 2 werden Frühstück und Mittagstisch angeboten und es hält eine bunte Palette für Nachbarn und Gäste bereit wie Filmabende, Lesungen und Konzerte. Das Non-Profit-Projekt wird von der gemeinnützigen Kulturcafé GmbH unterstützt (St. Annen-Str. 1, sofa-luebeck.de, Di–Sa 9.30–17.30, So ab 10.30 Uhr, Mittagstisch 7,90–9,90 €).

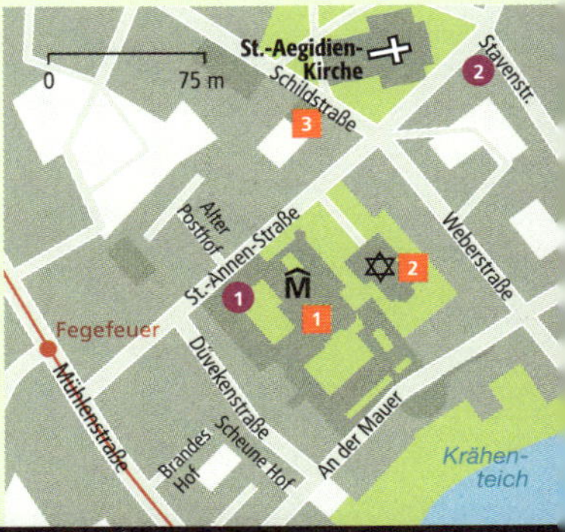

Cityplan: Karte 2, E 5 | Bus: Fegefeuer (1, 2, 4, 5, 9, 16)

12

›Amazonas des Nordens‹ – **Kanutour auf der Wakenitz**

Die Wakenitz ist zwar einer der kürzesten Flüsse Deutschlands, jedoch auch einer der interessantesten und ursprünglichsten. Dichte Schilfgürtel, urwaldartige Erlenbrüche und helle Laubwälder begleiten über weite Strecken die Ufer. Überraschend trifft man auf Seerosenfelder, Reiher oder sogar den blau schillernden Eisvogel, der ein kurzes Stück das Boot begleitet.

Bleibendes Naturerlebnis verspricht die Tour auf der Wakenitz.

Inzwischen hat sich das ehemalige Reich der Fischer am südöstlichen Stadtrand von Lübeck zum beliebten Wasserwandergebiet gemausert und aus den Fischerhütten von einst entstanden gern besuchte Ausflugslokale. Die Wakenitz entspringt dem Ratzeburger See und mündet nach etwa 14

km bei Lübeck in die Trave. Durch die Lage im ehemaligen Grenzgebiet zwischen Lauenburger Land und Mecklenburg behielt das heutige Landschaftsschutzgebiet weitgehend seine unberührten Uferlandschaften – ein Paradies für Pflanzen und Tiere. Der ›Barsch‹-Fluss (Übersetzung aus dem Slawischen) macht seinem Namen alle Ehre: Er ist ein idealer Lebensraum für die Barsche, für riesige Welse, Hechte, Aale oder auch Brassen.

Mit zwei MK (Muskelkraft) zum Ratzeburger See

Die Kanutour kann von Lübeck oder vom Ratzeburger See aus begonnen werden. Durch den geringen Höhenunterschied fließt die Wakenitz sehr langsam und ist problemlos auch flussaufwärts zu befahren. Zudem ist eine Wegstrecke bequem per Ausflugsschiff zu überbrücken.

In Lübeck an der **Moltkebrücke** 1 bzw. Wallbrechtbrücke eingesetzt, durchfährt man zunächst die im oberen Bereich See breit aufgestaute Wakenitz. Freibäder und kleinere Werften säumen die Ufer, bis der Flusslauf nach Osten abbiegt. Bald liegt Lübeck mit seinen Villen und Kleingärten im Rücken und man passiert westlich die **Vogelinsel Spieringshorst** 2. Zum Beobachten der Vogelwelt ist ein Fernglas hilfreich, da das Schutzgebiet nicht befahren werden darf. An der Uferregion sind die Tiere dagegen nicht so leicht zu beobachten. Der Eisvogel etwa will schon ein wenig Ruhe, um noch im Schilfgürtel aufzutauchen. Die Anwesenheit der Schwanzmeise verrät eher deren kugelförmiges, aus Moos und Flechten gebautes Nest, als dass man den Vogel selbst sieht. Schwarzspecht und Pirol erkennt man meist nur am charakteristischen Klopfen bzw. am markanten Ruf.

Der Eisvogel ist der einzige Vertreter seiner Gattung in unseren Breiten. Ansonsten lebt seine Verwandtschaft in den Tropen.

Mit ein wenig Glück und Geduld jedoch sind Rotweihe, Neuntöter, Sperbergrasmücke oder Wachtelkönig zwischen den Rohrkolben in der Verlandungszone zu entdecken oder unter dem dicken Wurzelgeflecht der Bäume, das über die Wasseroberfläche ragt. Recht häufig sind Graureiher und Kormorane in den Feuchtwiesen anzutreffen.

An der Westseite des Flusses gibt es eine **Badestelle** 1, ebenso wie am **Kleinen See** 2 kurz vor der Eisenbahnbrücke Lübeck-Rostock. Hier kann man anlegen, sich erholen oder abkühlen.

Flussbadeanstalten und kleine Badestellen laden entlang der Wakenitz zum Sprung ins erfrischende Nass.

›Amazonas des Nordens‹

Hinter der Brücke beginnt der ursprünglichste Teil des Flusses. Er verengt sich, die Natur rückt näher, und man taucht in eine durch und durch grüne Umgebung ein. Moorfrosch und Rotbauchunke übertönen mit ihrem Ruf sogar das Geschnatter der Schwäne. Im Sommer erblühen die gelben Teich- und weißen Seerosenfelder, umschwirrt von Libellen in allen Farben. Haubentaucher ducken sich darunter hindurch, Gänsesäger-Junge üben sich im Wasserlugen. Das heißt, sie schauen unter Wasser nach Fischen und tauchen dabei bis zu 30 Sekunden lang bis in 10 m Tiefe ab. Man kann sich treiben lassen und die unterschiedlichsten, bizarren Wurzelgebilde am Uferrand bestaunen.

Buden und Horste

Anlanden ist jetzt nicht mehr überall gestattet, jedoch folgen kurz hintereinander auf der rechten Seite zwei Anleger, an denen auch die Ausflugsdampfer halten. Die ehemaligen Fischerhütten **Müggenbusch** 1 und **Absalonshorst** 2 sind heute gemütliche Restaurants und laden zur Einkehr.

Um 1400 war das Areal den Fischern vorbehalten. Für größere Fischerdörfer gab es jedoch nicht genügend Platz, weshalb zunächst kleine Unterstände, Buden, aufgebaut wurden. Sie bestanden aus vier Eckpfählen sowie einem seitlichen und einem oberen Schutz aus Schilf und Baumrinde. Später kamen ein Fundament aus Eichenholz und eine Lehmabdichtung der Wände dazu. Solche Buden waren bis ins 17. Jh. nur teilweise bewohnt, je nach Bedarf. Von 1870 bis 1900 erhielten die Unterkünfte ein mit Backstein verfülltes Fachwerkgerüst und ein Reetdach. Die in Gruppen zusammenstehenden Buden wurden Horste genannt.

Fast am Ziel

Etwa 3 km vor dem Ratzeburger See wird das Naturbild jäh von der **Autobahnbrücke** 3 der Ostsee-Autobahn A20 unterbrochen, die trotz jahrelanger Proteste der Umweltschützer und Anlieger gebaut wurde. Die Lärmbelästigung ist dank der schallschluckenden Konstruktion wirklich nicht groß, jedoch wird die Romantik des Naturerlebnisses ein wenig abgeschwächt. Hinter der Brücke verbreitert sich der Fluss schnell und erreicht bald die riesig erscheinende Fläche des

Ratzeburger Sees. Zum Naturschutzgebiet ›Ufer des Ratzeburger Sees‹ müssen Sie 50 m Abstand halten und sich vor böigen Winden in Acht nehmen. Endstation ist das **Fährhaus Rothenhusen** ❸, ehemals Zollhaus, heute Gaststätte. Bei der Renovierung hat es einen interessanten Neubau erhalten, eingehüllt in ein Reetkleid.

INFOS

www.flussinfo.net
Dauer: reine Paddelzeit 3–4 Std.
Kanu-Center ❸: Siebenbäumen, Grinauer Weg 23 B (nur Postadresse) Rothenhusener Weg 2, Groß Sarau (Mietstation am Ratzeburger See), T 04501 412, www.kanu-center.de, Kajak ab 16 €, Kanu/Pers. ab 14 €
Bootsvermietung Morgenroth ❹: Ratzeburg, Am Jägerdenkmal 1, T 04541 832 00, schaalsee-canu-salem.de, Kanadier, Kajak ab 15 €
Wakenitz-Schifffahrt Quandt ❺: ab Moltkebrücke, T 0451 79 38 85, www.wakenitz-schifffahrt-quandt.de, Mitte Mai–Mitte Sept. ab 10, Fr nur 12 Uhr, Sept.–Anfang Okt. Di–Do, Sa/So, Mo Ruhetag, einfach 14 €, ca. 2 Std. bis zum Ratzeburger See

KULINARISCHES FÜR ZWISCHENDRIN

Restaurant Müggenbusch ❶: T 0451 50 19 99, www.restaurant-mueggenbusch.de, Di–So ab 11.30 Uhr; mitten im Grünen, Sonnenterrasse, leckeres Bauernfrühstück
Landhaus Absalonshorst ❷: T 04509 79 09 00, www.absalonshorst.de, April–Okt. Mi–So 11.30–21, Nov.–März Fr–So bis 17 Uhr, Wild- und Fischspezialitäten
Fährhaus Rothenhusen ❸: T 04509 80 59, Di–So 11.30–21, Mo ab 15 Uhr

RATZEN AM SEE

Die **Jugendherberge Ratzeburg** 1 liegt direkt am See. Sie ist modern eingerichtet mit 1–4-Bett-Zimmern, inklusive Dusche/WC oder separat auf dem Gang. Sehr beliebt sind Sauna und Dachterrasse (Reeperbahn 6–14, T 04541 840 95 04, www.jugendherberge.de > jugendherbergen > ratzeburg, ab 28 €).

Cityplan: G 5–H 7 und Karte 4 | Bus: Moltkestraße oder -platz (5)

13

Badeleben streng nach Vorschrift – **das Seebad Travemünde**

Am frühen Morgen kann das Seebad besonders verzaubern: Möwen segeln durch die Luft, kleine und große Boote glucksen an den Pollern der Stege, und das Wasser ist leicht gekräuselt. Bei fast jedem Wetter lohnt es sich, über die Promenade bis zum Strand zu laufen und die unterschiedliche Stimmung zu erleben.

Zur Sommerfrische nach Travemünde kam alles, was Rang und Namen hatte. Als Ende des 19. Jh. die Seebäder und damit der Urlaub an der See in Mode kamen, wurden bereits die ersten Strandkörbe aufgestellt, diese »eigentümlich bergenden Sitzhäuschen«, wie Thomas Mann sie nannte.

Sollten Sie mal ins Auge fassen: Ein Ausflug auf einem Segelboot gehört zu einem Strandurlaub dazu.

Historisch-jugendliche Promenade

Travemündes Attraktivität als internationales Seebad ist ungebrochen. In erster Linie kommen die Gäste zum Badeurlaub an den langen, feinsandigen **Strand** 1. Auf der Strandpromenade lockern einzelne Bereiche mit Spielgeräten sowie Ruheplätze mit Bänken und Liegestühlen die gerade Linie auf. Das ursprüngliche schmiedeeiserne Geländer ist geblieben und erinnert an die alte Travemünder Seebadkultur. Die **Seeterrasse** 2 mit 600 Plätzen und die Strandbar **Lighthouse Lounge** 1 setzen die Tradition gekonnt fort. Man fühlt sich zum Flanieren eingeladen.

»Privat-Seebadeanstalt bey Travemünde«

Der einstige Fischer- und Schifferort Travemünde avancierte 1802 zum dritten deutschen Seebad nach Heiligendamm und Norderney. Reiche Lübecker Bürger hatten einen standesgemäßen Platz für ihre Sommeraufenthalte gesucht und die »Privat-Seebadeanstalt« gegründet. 1820 gewann man den Architekten Joseph Christian Lillie für den Innenausbau des Kurhauses, das heutige Hotel **Arosa Resort** 1. Die alten klassizistischen Elemente im ›Lübeckzimmer‹ verleihen dem hauseigenen Gourmetrestaurant **Buddenbrooks** (Di–Sa 18.30–22 Uhr) das Flair vergangener Zeiten.

Damals wurde ein Bad ausschließlich in der ehemaligen Warmbadeanstalt genommen. Das Baden im offenen Meer galt als unschicklich und wurde erst mit der Anschaffung von Badekarren gesellschaftsfähig. Der Gast betrat die Karre, zog dort sein Badekostüm an und wurde ins kniehohe Wasser geschoben. Von dort stieg er über eine Treppe ins Meer. Ließ die Lust nach Abkühlung nach, klingelte er den Bademeister herbei, der den hölzernen Karren mittels einer Seilwinde zurück an den Strand zog. Diese Art des Badevergnügens wurde immer beliebter, sodass 1838 schon 30 der rollenden Umkleidekabinen im Einsatz waren. Der mondäne Badeort hatte sich schnell einen guten Ruf erworben – nicht zuletzt wegen der möglichen Anwesenheit von Kaiser Wilhelm II. Von Travemünde aus startete der Kaiser oftmals seine Seereisen oder nahm mit seiner Segeljacht ›Meteor‹ an den Regatten teil. Bis heute findet die damals begründete ›Travemünder Woche‹ statt.

W
WEICHER SITZ

Der **Ursprung des Strandkorbs** ist nicht ganz geklärt: Derartige ›Gebilde‹ tauchen bereits auf Gemälden von Jacob Jordaens (1593–1678) auf. Aber erst der Rostocker Hofkorbmeister Wilhelm Bartelmann machte den Strandkorb berühmt. Er erhielt 1882 von der rheumakranken Elfriede Maltzahn den Auftrag, einen »weichen Sitz« für ihre Warnemünder Sommerfrische anzufertigen. Ab 1910 wurden die Strandkörbe so gebaut, wie man sie heute an den Küsten kennt und liebt: ein Schutz vor Wind und Wetter und ein Stück Privatsphäre.

Die Strandkörbe stehen, die Badesaison ist eingeläutet!

Illustre Gäste

Zu den ersten Gästen im Seebad zählte Joseph Freiherr von Eichendorff, der sich hier zu Gedichten und Novellen inspirieren ließ: »das niedliche Travemünde, … das schön erbaute Seebad, der Leuchtturm – alles lag in bunten Farben vor unseren Blicken.« Es folgten weitere Dichter wie Wilhelm Raabe, Matthias Claudius, Emanuel Geibel und natürlich Thomas Mann, der seine Buddenbrooks in Travemünde flanieren ließ.

Auch die Maler entdeckten das Seebad für ihr künstlerisches Schaffen, allen voran der Berliner Ulrich Hübner. 1909 lud er Lovis Corinth hierhin ein. Der war allerdings mehr daran interessiert, Hübners Gemahlin Irma (Frau Douglas) zu malen! Der maritimen Szenerie widmeten sich Hübners Schüler Erich Dummer und der Lübecker Heinrich Eduard Linde-Walther, der Bruder des Augenarztes und Kunstmäzens Dr. Max Linde. Dieser holte Edvard Munch an die Lübecker Bucht und förderte aktiv dessen Karriere. Einige Werke sind im Museum Behnhaus Drägerhaus (► S. 42) zu sehen.

Bitte Platz nehmen und Sonne genießen!

Seit der Einrichtung des Fährverkehrs nach Kopenhagen, Riga und St. Petersburg kamen immer mehr ausländische Gäste nach Travemünde. Das Kasino lockte ab 1825 zusätzlich. Dichter wie Nikolai Gogol, Iwan Turgenjew und Fjodor Dostojewski versuchten dort ihr Glück im Spiel. Inzwischen ist das Kasino nach Lübeck umgezogen.

Flanieren erbeten

Damals wie heute trifft man sich zu jeder Jahreszeit in der **Vorderreihe.** Die Uferstraße an der Trave mit der fotogenen Häuserzeile ist eine launige Einkaufspromenade mit Boutiquen, Hotels und viel Gastronomie. Wie von einer Tribüne lässt sich dort das Geschehen auf dem Wasser beobachten. Das **Vogteigebäude** in der Vorderreihe 7 war mit der verzierten Rokokotür und den Renaissance-Deckenmalereien bis 2002 das schönste Polizeirevier des Landes. Inzwischen sind das Restaurant Fisch&Meer, das Travemünder Kaffee-Kontor und das Lübecker Teekontor eingezogen. Gleich um die Ecke liegt das alte Travemünde mit seinen kleinen Gassen und einem der ältesten Wohnhäuser der Stadt (Jahrmarktstr. 1).

Wer es genau wissen will

Das **Seebadmuseum** 3 befasst sich mit der wechselvollen Geschichte des Seebades von 1802 bis heute. Die Besucher dürfen nicht nur sehen, sondern vieles auch anfassen. Strandleben, Bademoden, Fischerei, Schifffahrt und Tourismus werden unterhaltsam und anschaulich durch Hörstationen, Gucklöcher und informative Filme präsentiert.

INFOS/ÖFFNUNGSZEITEN

Seebadmuseum 3**:** Torstr. 1, T 04502 999 80 94, www.heimatverein-travemuende.de, Di–So 11–17 Uhr, 6 €
Open-Air-Kino: Man sitzt unter freiem Ostseehimmel auf den Strandterrassen oder auf Liegestühlen direkt am Strand. Es laufen Blockbuster und Klassiker der Filmgeschichte. Mitte bis Ende Aug., Einlass ab 19 Uhr

KULINARISCHES FÜR ZWISCHENDRIN

In der Saison bietet die Strandbar **Lighthouse Lounge** 1 gemütliche Plätze direkt auf dem Sand oder auf der Promenade sowie Cocktails, Kaffeespezialitäten und Snacks (T 0451 28 03 29 40, Mo–So 11–1 Uhr).
Am **Fischereihafen** 2 wird der Fang frisch vom Kutter verkauft, meist vormittags (Mo–Fr). Daneben werden auch leckere Fischbrötchen angeboten (Fischtempel, Auf dem Baggersand 7) – authentisch mit Ostseewind in den Haaren und Meeresgeruch in der Nase.

Cityplan: Karte 3, A–C 2–4 | **Zug:** Vom Lübecker Hauptbahnhof stdl. in 25 Min. bis Travemünde (3 Stopps: Skandinavienkai, Travemünde-Hafen, Travemünde-Strand)

14

Travemündes alte Recken – **›Passat‹ und Alter Leuchtturm**

Mehr als 100 Jahre hat die ›Passat‹ auf dem Buckel, aber das merkt man der Viermastbark kaum an. Auf Deck fühlt man sich wie einer der ersten Weltumsegler, der es kaum erwarten kann, endlich in See zu stechen. Das Leuchtfeuer des kleinen Backsteinleuchtturms am gegenüberliegenden Ufer leitete die Schiffe fast ein halbes Jahrtausend sicher in den Hafen.

Im Priwallhafen von Travemünde hat die Viermastbark **›Passat‹** 1 als Museumsschiff ihren endgültigen Ankerplatz gefunden. Sie steht als eine der letzten Zeugen der großen Segelschifffahrt unter Denkmalschutz und wird vom Verein »Rettet die Passat« betreut. Das Schiff gehört zu den legendären **Flying-P-Liners** der Hamburger

Die Legende lebt: Die ›Passat‹ ist der Inbegriff eines Traditionsseglers.

Reederei Ferdinand Laeisz, die auf allen Weltmeeren kreuzten. Den Namen ›P‹-Liner verdanken sie Sophie, der Ehefrau von Carl Laeisz, die aufgrund ihrer lockigen Frisur den Spitznamen ›Pudel‹ trug. 1857 wurde die erste Bark auf diesen Namen getauft, danach bekam die gesamte Flotte einen Namen mit dem Anfangsbuchstaben P. Die Großsegler waren für ihre Robustheit und ihre hohe Geschwindigkeit von über 33 km/h (18 Knoten) bekannt, die sie zu stolzen Konkurrentinnen der Dampfschiffe machten. Sie wurden für verschiedene Frachtfahrten zwischen Europa und Südamerika eingesetzt.

En Hamborger Veermaster

Die ›Passat‹ imponiert mit einer Länge von 115 m. Ihre vier Masten sind beinahe doppelt so hoch wie der Alte Leuchtturm gegenüber. Eine Vorstellung davon, welch majestätischen Anblick sie unter voll gesetzten Segeln geboten haben muss, gibt uns der britische Dichter John Masefield (1878–1967), der schon als 13-Jähriger zur See fuhr: »Wundervoll zu sehen, wie das großartige Gebilde durch das Wasser glitt, man erwartete geradezu, dass es sich heraushob und zu fliegen begann.« Von ihrer Taufe im November 1911 bis 1951 fuhr die ›Passat‹ als reines Segelschiff. Erst als frachttragendes Schulschiff erhielt sie einen Motor zur Verstärkung. 1957 ging sie noch einmal auf große Fahrt von Hamburg nach Buenos Aires. Auf der Heimreise erreichte die Besatzung die Nachricht vom Untergang ihres Schwesterschiffs ›Pamir‹ westlich der Azoren (► S. 28). Kurz darauf geriet sie selbst in schweren Sturm mit Orkanböen der Stärke 11 bis 12: Die großen Untersegel mussten geborgen, Schutznetze und Taue quer über Deck zum Halten gespannt werden. Derart gerüstet stellte sich das Schiff den meterhohen Wellen entgegen. Bis zu 45 Grad Schlagseite hatte der Kapitän aufzufangen und ließ schließlich den Steuerbord-Tieftank (Ballasttank) fluten. Das war die Rettung, das Schiff konnte nun aus eigener Kraft den Hafen von Lissabon anlaufen.

Nach der Rückkunft in den Heimathafen Hamburg wurde der stolze Segler trotz erwiesener Seetüchtigkeit außer Dienst gestellt. Die Stadt Lübeck rettete ihn jedoch 1959 vor dem Abwracken.

U UND JETZT ALLE!

Der 70 Mann starke, Shanties singende **Passat Chor** wirbt für die ›alte Lady‹ mit Konzerten auf der ganzen Welt und ist zugleich Botschafter für die Hansestadt Lübeck. Viele kennen ihn durch Radio- und Fernsehsendungen. www.passatchor.de

Treppauf, treppab

Eine äußerst vergnügliche Stunde lang lässt sich das Schiff auf eigene Faust durchstöbern, vom Achterdeck bis zur Back. Schnell sind die Gedanken mitten auf dem Meer, doch zunächst fühlt man sich unter den hohen Masten ameisenklein. Und bei der Vorstellung, in die obersten Rahen klettern zu müssen, um die Segel auszuwechseln oder die Rahen zu malen, stockt so manchem der Atem.

Unter Deck geht es zum Erkunden der holzvertäfelten Messe, der Kajüten, der Kombüse, in der für 86 Mann gekocht wurde, oder des Kapitänssalons, der mit den dunklen Lederpolstern eine gemütliche Atmosphäre für die hier möglichen Trauungen verspricht. Im Ausstellungsraum erlauben zahlreiche Stationen ein aktives Erleben an Bord.

Tradition, aber oho! Der wackere kleine Leuchtturm lässt sich von seinem übermächtigen Nachfolger im Nacken nicht im Mindesten beeindrucken!

Senior an Deutschlands Küsten

Der kleine Turm ist Deutschlands ältester **Leuchtturm** 2 und das älteste erhaltene Seezeichen an seiner Küste. 1539 errichteten ihn holländische Maurer gänzlich aus Ziegeln, selbst die Laterne ist gemauert und nur seeseitig für das Leitfeuer offen gelassen. Dort oben haben im Laufe der Jahrhunderte alle gebräuchlichen Leuchteinrichtungen gestanden: offene Holz- und Kohlenfeuer, Rüböl- oder Hanföl-Lampen vor vergoldeten Spiegeln, Petroleumlampen und elektrische Bogenlampen bis hin zu Parabolzylinder-Spiegeln zur Lichtbündelung.

Der Leuchtturm könnte so manche Geschichte aus seinem bald 480 Jahre langem Dasein erzählen: etwa von den Maurern, die ihn 31 m ohne Gerüst hochgezogen haben, von dem Feuer 1827, bei dem seine barocke Kuppel vollständig abbrannte, von den Lotsen, die auf einem fest montierten Stuhl an ihrem Ausguck saßen, oder von der schweren Sturmflut 1872, deren Marke außen am Turm angebracht ist. Auch Thomas Mann ließ einzelne Kapitel der »Buddenbrooks« am »runden, gelben« Leuchtturm spielen.

Seit April 1972 jedoch ist es vorbei mit seinen aktiven Zeiten: Der übermächtige Nachfolger auf dem Dach des Maritim-Hotels nahm ihm die Sicht und damit seine Arbeitsgrundlage. Inzwischen ist der alte Turm aufwendig saniert: Unter anderem mussten über 12 000 Backsteine aus seinem bis zu 1 m dicken Mauerwerk ersetzt werden. Heute ist er das Wahrzeichen von Travemünde und ein maritimes Museum. Über acht Etagen geben Seelaternen, ehemalige Lichtanlagen oder Modelle von Feuerschiffen einen guten Überblick in die frühere Leuchtfeuertechnik. Nach 142 Stufen ist die beeindruckende, immer noch funktionstüchtige Leuchtanlage erreicht, und vom Rundgang eröffnet sich ein herrlicher Blick auf die Trave-Mündung, die Uferpromenade und zurück auf die ›Passat‹.

Wacht seit 1539 über die Küste: Der Leuchtturm kann Ihnen so manch eine Geschichte flüstern.

UM DIE ECKE

In der **Ostseestation Priwall** 3 lässt sich die Unterwasserwelt der Ostsee beobachten, von der Qualle über das hochgiftige Petermännchen und die Krabbe bis zu den kleinsten Lebewesen, die mikroskopiert auf eine Leinwand projiziert werden. Einige der Tiere dürfen die Besucher sogar anfassen und füttern.

INFOS/ÖFFNUNGSZEITEN

Passat 1: T 0451 122 52 02, www.ss-passat.com, Vor- und Nachsaison 11–16.30, Mitte Mai–Ende Sept. 10–17 Uhr, 4 €; Übernachtungsmöglichkeiten
Leuchtturm 2: Am Leuchtenfeld 1, T 04502 889 17 80, www.leuchtturm-travemuende.de, April–Okt., Di, Do, Sa/So 13–16, Juli/Aug. ab 11 Uhr, 2 €. Unternehmen Sie einen Rundgang mit dem Leuchtturmwärter durch Travemünde und den Leuchtturm (So 11.30–13 Uhr, 8 €).
Ostseestation Priwall 3: Priwallpromenade 29–31, T 04502 30 87 05, www.ostseestation-travemuende.de, April–Okt. Di–So 11.30–18, Nov.–März bis 15.30 Uhr, 9 €, ab 16 Uhr ohne Führung 7 €

KULINARISCHES FÜR ZWISCHENDRIN

Im **GOSCH** 1 sitzen Sie in der ersten Reihe. Empfehlenswert ist das reichhaltige Angebot an Fisch und Krustentieren (Vorderreihe 64 A, T 04502 777 90 99, Mo–Fr ab 12, Sa/So ab 11 Uhr).

Cityplan: Karte 3, C 3/4 | **Zug:** Vom Lübecker Hauptbahnhof stdl. in 25 Min. bis Travemünde (3 Stopps: Skandinavienkai, Travemünde-Hafen, Travemünde-Strand)

15

Stück für Stück ins Meer zurück – **das Brodtener Steilufer**

Eines der schönsten Steilufer an der Küste zieht sich von Travemünde nach Niendorf. Auf dem Spazierweg oberhalb des Strandes geht der Blick weit auf die offene Ostsee, die mit ihren am Steilhang nagenden Wellen jährlich ihren Tribut fordert. Gerade dies erfreut jedoch das Geologenherz, denn am Fuß der Hänge kann man Jahrmillionen alte Versteinerungen finden.

Ohne die Eiszeit gäbe es das Land Schleswig-Holstein nicht, sondern stattdessen eine Ansammlung kleiner Inseln – aus älteren geologischen Zeiträumen – in einem Meer. Zeugen der ehemaligen Vergletscherung sind nicht nur die auffallenden Findlinge an der Küste. Die gesamte

Das Steilufer fasziniert zu jeder Jahreszeit.

Oberfläche – jeder Berg, jeder See und die Förden (Landeinschnitte) – sind das Resultat gewaltiger Gesteinstransporte aus Skandinavien.

Während der letzten beiden Eis- und Zwischenwarmzeiten vor rund 200 000 bis 11 600 Jahren formte sich die Landesfläche Schleswig-Holsteins zu ihrer heutigen Gestalt. Die Jahrestemperatur musste im Mittel nur um ein paar Grade absinken, um ganz Skandinavien mit einem dicken Eispanzer zu überziehen. Die tonnenschweren Gletscher begannen – durch ihr eigenes Gewicht in Bewegung gesetzt – vorwärts zu rücken. Auf dem Weg nach Südwesten rissen sie Gesteinsbrocken aus dem Untergrund mit sich und schoben diese bis nach Norddeutschland. Unter dem Druck des Eises wurden die Geröllmassen (Moränen) – wie unter einer Planierraupe – bis zu 100 m hoch an der Gletscherstirn aufgestaucht. Beim Zurückschmelzen des Gletschers blieb am Grund ebenfalls mitgeschleppter Gesteinsschutt zurück. Diese Grundmoränen formten auch den Küstenraum der Ostsee.

Oben auf dem Wanderweg haben Sie zwar den Überblick, unten warten aber Jahrmillionen alte Schätze auf ihre Entdeckung.

Einzelne, bis zu 200 t schwere Gesteinsbrocken (Findlinge) bilden charakteristische Landmarken, etwa der Mövenstein bei Travemünde. Ihn soll der Riese Möves ins Wasser geschleudert haben. Bis man die Herkunft solch großer Findlinge erklären konnte, brachte man sie gerne mit Riesen, Hexen oder sogar dem Teufel in Verbindung. Auf jeden Fall wusste man schon damals, dass gewaltige Kräfte im Spiel gewesen sein mussten!

Naturkräfte als Hobel

Die für die schleswig-holsteinische Ostküste so charakteristischen Meeresbuchten (Förden) mit den bis zu 30 m hohen Steilufern sind das Ergebnis vordringender und wieder abschmelzender Inlandeismassen. Sie hinterließen schmale Becken, die das Schmelzwasser vertiefte. Als der Meeresspiegel stieg, drang die Ostsee in diese Schürfrinnen. Heute sind es Wind und Wellen, die den hervorspringenden Steilküsten ihr Land abtrotzen. Das abgetragene Material lagert sich mit den Strömungen an den Flachküsten wieder an, etwa am Priwall. Dort wird der Strand daher von Jahr zu Jahr breiter.

Der einzige noch unverbaute Küstenabschnitt der Lübecker Bucht steht heute unter Landschaftsschutz. Zusammen mit dem Dorf Brodten gehört er zum Brodtener Winkel. In diesem aktiven Kliffbereich weicht die Küstenlinie um etwa einen halben Meter pro Jahr zurück. Durch Regen, Sickerwasser, Frost und die Brandung der Ostsee kommt es zu Rutschungen und teils großflächigen Abbrüchen. Der südliche Kliffbereich ist dagegen fast zur Ruhe gekommen, er gilt inzwischen als passives Kliff mit einer dichten Vegetation.

Wanderlust am Ostseekliff

Startpunkt dieses Spaziergangs ist die **Strandpromenade** 1 in Travemünde. An der **Segelschule Mövenstein** 2 (Parkplatz) geht es in die Straße Helldahl, die in den Höhenwanderweg übergeht. Ohne große Anstrengung spaziert es sich durch Waldabschnitte, vorbei an einem gepflegten **Golfplatz** 3**,** stets die Ostsee im Blick. Kunstvoll geschmiedete Bänke in Tierform laden zum Verweilen ein. Nach ungefähr 2,5 km ist die **Hermannshöhe** 4 erreicht. Von der großen Terrasse des dortigen **Erlebniscafés** 1 eröffnet sich eine nahezu ungehinderte Sicht auf das Meer. Abgelenkt wird man nur von den Flugkünsten der wendigen Uferschwalben In einer der bedeutendsten Kolonien Mitteleuropas siedeln hier rund 500 Brutpaare. Und im Herbst wird die Flachwasserzone in Ufernähe zum Rast- und Überwinterungsgebiet zahlreicher Wasservögel: Haubentaucher, Eider-, Berg- oder Reiherenten, Säger und Kormorane – ein Highlight für Hobby-Ornithologen.

Auf dem weiteren Weg fällt im tiefen **Kerbtal** 5 des Teutendorf-Brodtener Baches nördlich von Brodten das bizarre Geflecht von freigespülten Baumwurzeln auf. Es wirkt wie ein von Hand gefertigtes Kunstwerk.

Moderne ›Strandpiraten‹

Noch bis ins späte Mittelalter war die Steilküste das ideale Revier für Strandpiraten. Sie entzündeten nachts Feuer am Strand, um die Schiffe ans Ufer bzw. die vorgelagerten Sandbänke zu locken und zum Kentern zu bringen. Am nächsten Morgen konnten sie dann das wertvolle

F
FEUER!

Weißer Phosphor ähnelt mitunter Bernstein. Der aus Brandbomben des Zweiten Weltkriegs stammende Phosphor trocknet in der Hand oder der Hosentasche, entzündet sich und brennt in einer über 1000° C heißen Flamme ab. Zum Löschen nassen Sand nehmen, auf keinen Fall Wasser. Unklare Funde sollten in einer Blechdose gesammelt und einem Experten vorgelegt werden.

Strandgut bequem einsammeln. Bis heute ist die Suche nach ›Strandgut‹ immer noch Erfolg versprechend. Die Schätze haben jedoch eher einen persönlichen Wert: Man findet Muschelschalen mit lilafarbenem Perlmutt, Panzer von Strandkrabben, Gehäuse von Seepocken und Strandschnecken, vom Salzwasser bizarr geschliffenes Holz, Gesteine in allen Farben und Strukturen, von gestreift, gepunktet, mit Einsprenglingen oder grobkörnig sowie die phantasieanregenden Flintsteine – vielleicht sogar einen Hühnergott. Mit etwas Glück finden Sie am Fuß der Steilhänge und im Spülsaum auch kleine Versteinerungen: Seeigel, Brachiopoden (= Armfüßler, meist graue muschelähnliche Gebilde), Innenskelette versteinerter Tintenfische (Donnerkeile) und vielleicht einen Haifischzahn.

G GLÜCKSLOCH

Wer einen Flint bzw. Feuerstein findet mit durchgehendem Loch – Hühnergott genannt –, dem winkt immerwährendes Glück! Das Loch entsteht durch das Herauslösen von kalkigen Stellen im Gestein. Viele dieser Steine, an einer Schnur in den Hühnerstall gehängt, sollen durch das Geklapper den Fuchs verscheuchen.

INFOS/ÖFFNUNGSZEITEN

Wegstrecke: 6 km bis zur Niendorfer Kurpromenade. Von dort fährt der Bus zurück nach Travemünde (ca. 25 Min.).

KULINARISCHES FÜR ZWISCHENDRIN

Im **Erlebniscafé Hermannshöhe** 1 ist Selbstbedienung angesagt. Kuchen und Kleinigkeiten schmecken am besten auf der breiten Außenterrasse oder in den Strandkörben auf der Rasen- und Sandfläche. Samstags und sonntags wartet zwischen 8 und 11 Uhr das reichhaltige Frühstücksbuffet (14,90 €). Der große Spielplatz begeistert mit interessanten Spielgeräten (T 04502 888 54 25, www.die-hermannshoehe.de, Mo–Fr 11–18, im Sommer bis 20, Sa/So ab 8 Uhr, im Winter Mo–Do geschl.)

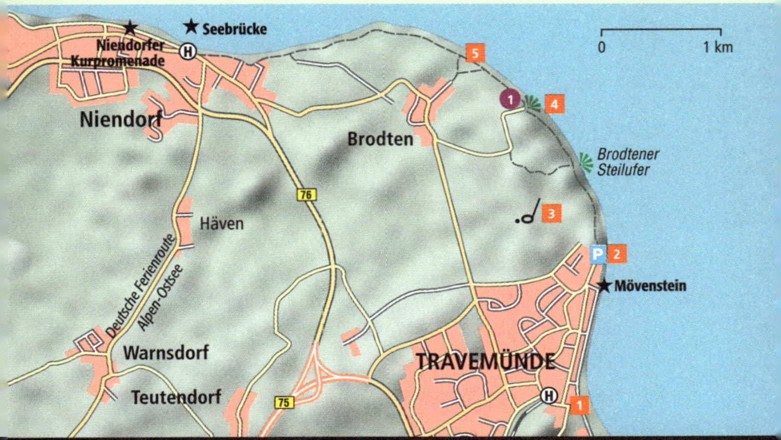

Cityplan: Karte 4, B 1 | Bus: Linie 40 (Niendorf–Travemünde), stdl., Dauer: 25 Min.

EINTRITTSKARTEN *in eine andere Welt …*

Neben den bereits beschriebenen gibt es in Lübeck reichlich andere Museen, hier einige meiner persönlichen Favoriten:

UND JETZT ENTSCHEIDEN SIE!

Europäisches Hansemuseum
tgl. 10–18 Uhr
13/9 € , Familien klein 19 €, groß 32 €

Aufstieg und Niedergang dieses 800 Jahre währenden Wirtschaftsbundes wird durch Originalfunde und -texte in Szene gesetzt. Tauchen Sie ein in die faszinierende Welt der Kaufleute im Mittelalter!

○ JA ○ NEIN

Karte 2, E 3, www.hansemuseum.eu

Museum für Natur und Umwelt
Di–Fr 9–17, Sa/So ab 10 Uhr
6/2, Familien 7/13 €

Spannende Exponate und interaktive Stationen für alle Sinne führen auf die Spur der heutigen und ausgestorbenen Lebewesen rund um die Lübecker Bucht.

○ JA ○ NEIN

Karte 2, D 6, www.museum-fuer-natur-und-umwelt.de

TheaterFiguren-Museum
Bis voraussichtlich 2022 wegen Umbaus geschlossen

Über 1000 Hand-, Stock-, Faden- und Schattenfiguren aus Europa, Asien und Afrika des 17.–19. Jh. hat Fritz Fey zusammengetragen. Erleben Sie eine ungeahnte Formenvielfalt!

○ JA ○ NEIN

Karte 2, D 5, www.theaterfiguren museum.de

Grenzdokumentations-Stätte Lübeck-Schlutup
Fr/Sa 14–17, So ab 11 Uhr
3/2 €

Das Museum will die Erinnerung an die Teilung Deutschlands bewahren. Ein ehemaliger Grenzgänger formulierte es treffend: »Der Kopf ist in einem Land, der Körper in einem anderen! Man kann das nicht trennen.«

○ JA ○ NEIN

Karte 4, B 2, www.grenze-luebeck.de

Museum Holstentor
April–Dez. tgl. 10–18, Jan.–März Di–So 11–17 Uhr
8/2,50 €

JA NEIN

Entdecken Sie die Macht des Handels, die die Stadt seit dem Mittelalter prägte, anhand detailreicher Schiffsmodelle, Handelswaren auf dem Markt oder eines Stadtmodells aus dem 17. Jh.

Karte 2, D 5, www.museum-holstentor.de, www.holstentor.info

Industriemuseum Geschichtswerkstatt Herrenwyk
Fr 14–17, Sa/So ab 10 Uhr
4/2 €

JA NEIN

Das Museum im ehemaligen Werkskaufhaus zeigt, wie das Hochofenwerk und die Flender Werft im benachbarten Siems bis in die 1990er-Jahre das Leben im Ortsteil Herrenwyk prägten.

Karte 4, B 2, www.geschichtswerkstatt-herrenwyk.de

Museumshafen Lübeck
ständig und frei

JA NEIN

Zwischen historischer Drehbrücke und Musik- und Kongresshalle haben die Museumsschiffe festgemacht. Tafeln auf der Promenade wissen Näheres.

D 3, www.museumshafen-luebeck.org, Flyer »Hafengeschichtlicher Spaziergang« zum Herunterladen

Lübecker Museumsnacht
18–0 Uhr
6 €, für alle Veranstaltungen 12 €

JA NEIN

Am letzten Samstag im August öffnen Museen sowie zahlreiche Galerien und Kultureinrichtungen ihre Türen bis Mitternacht. An mehr als 30 Orten gibt es dann Lesungen, Livemusik, Theater und Tanz.

www.die-luebecker-museen.de

Speed-Dating
7 € inkl. Heißgetränk im Welcome Center Lübeck

JA NEIN

Vier Museen – Museum Holstentor, Willy-Brandt-Haus, Günter-Grass-Haus und Museum Behnhaus Drägerhaus – in einer Stunde. Jeweils ein typisches Ausstellungsstück wird präsentiert.

Karte 2, E 4, www.luebeck-tourismus.de

Gebäude mit Charme und Geschichte

Auf Schritt und Tritt begegnen Ihnen in der Stadt Bauwerke, die den Lauf stoppen. Meist haben sie eine lange Geschichte zu erzählen. Natürlich trifft dies auf bekannte Sehenswürdigkeiten zu, genauso jedoch auf Ensembles oder einzelne Häuser abseits der Hauptwege.

Geschützt und geborgen

Alte Stadtmauer Karte 2, E 3

Die Altstadtinsel war in der Dänenzeit (13. Jh.) durch einen geschlossenen Mauerring vor Feinden geschützt. Die Mauerdicke betrug 1 m, und es reckten sich Wehrtürme 16 m in die Höhe. Nach der Errichtung der Wallanlagen im 19. Jh. verlor die bereits teilweise abgetragene Stadtmauer gänzlich an Bedeutung und wurde fast vollständig abgerissen. Einige Reste sind jedoch erhalten: Ein Stück findet sich auf der Rückseite des Burgtor-Komplexes, ein weiteres in der Straße An der Mauer. An die Ruine eines Turms wurden im 17. Jh. schmucke Fachwerkhäuschen angebaut.

Bus: Hansemuseum

Hereinspaziert!

Burgtor Karte 2, E 3

Einlass in die Stadt gewährten einst vier gut bewachte Stadttore. Das nördlichste vollendete in seiner jetzigen Form Stadtbaumeister Nikolaus Peck 1444. Die gotisch schlanke Helmspitze wurde 1685 durch eine barocke Haube ersetzt. Das Innere von drei hintereinander gestaffelten Toren sicherte zu jener Zeit den einzigen Landweg nach Lübeck. Heute ist die Altstadt durch den Durchstich des Elbe-Trave-Kanals eine Insel. Zu Beginn des 19. Jh. wähnten sich die Lübecker in Sicherheit und brachen Festungswerke vor dem Tor ab: Glück für Napoleons Truppen, die 1806 durch das ehemals einzige Haupttor die Stadt in Besitz nahmen. In der Folge erhielt das Burgtor drei weitere Durchlässe, die durch stärkeren Verkehr notwendig geworden waren.

Bus: Große Burgstraße

Werbeträger für die Stadt

Holstentor Karte 2, C 4/5

Das weltberühmte Wahrzeichen ist der eindrucksvollste Zugang in die Altstadt. Von Hinrich Helmstede stammt der Entwurf zu dem bis 1478 erbauten Tor, das die Westseite der Trave sichern sollte. In stadtauswärtiger Richtung wird es von zwei Löwen bewacht. Seit die Tierskulpturen von Christian Daniel Rauch (1823) 1949 davor platziert wurden, machen sie ihre Sache gut.

Roter Stein fürs ›weiße Gold‹: die Salzspeicher

Fast einhundert Jahre zuvor hing der Erhalt des Holstentors dagegen am seidenen Faden: Es konnte nur knapp vor dem Abriss bewahrt werden, eine einzige Stimme gab den Ausschlag! Seitdem wird es als Werbeträger für die Stadt genutzt: Es zierte – exakt lotrecht – Briefmarken, den 50-DM-Schein und eine Zwei-Euro-Gedenkmünze. Schade eigentlich, denn erst die die beiden schon seit der Errichtung einander zugeneigten Türme machen das Tor so liebenswert. Schuld daran sind der morastige Untergrund und die uneinheitliche Fundamentierung. Die

Inschriften über dem breiten Toreingang haben historische Bedeutung. In goldenen Lettern prangt die Inschrift »Concordia Domi Foris Pax« (Eintracht drinnen, draußen Friede). An gleicher Stelle auf der Stadtseite sind, in Anlehnung an Rom, die Buchstaben S. P. Q. L. (Senatus Populusque Lubecensis – Senat und Volk von Lübeck) angebracht. Einprägsamer und manchmal zutreffend ist die Neuinterpretation der Lübecker: »Schlechtes Pflaster quält Lübeck.«
Bus: Holstentorplatz

Entree für die Altstadt
Puppenbrücke 🕮 C 4/5
Ende des 18. Jh. beauftragte die Stadt den Bildhauer Dietrich Jürgen Boy, einprägsame Leitbilder und Tugenden für die Bürger anzufertigen. Seither symbolisieren fünf Sandsteinskulpturen auf dem Geländer Vorsicht, Tapferkeit, Eintracht, Freiheit und Friede. Dazu gesellen sich der Flussgott Trave, Neptun und Merkur. Mit seinem bloßen Po sticht der Gott des Handels alle andern aus, und der Dichter Emanuel Geibel (► S. 42) schrieb: »Zu Lübeck auf der Brücken / da steht der Gott Merkur / er zeigt in allen Stücken / olympische Figur. / Er wusste nichts von Hemden in seiner Götterruh' / drum kehrt er allen Fremden / den bloßen Podex zu.«
Bus: Holstentorplatz

Zeugen des Reichtums
Salzspeicher 🕮 Karte 2, D 5
Das ›weiße Gold des Nordens‹ war der Exportschlager des 16.–18. Jh. Davon zeugt die auffallende Häuserreihe am Trave-Ufer. Die inzwischen etwas schiefen Gebäude mit den unzähligen kleinen Fenstern wurden auf den Fundamenten der mittelalterlichen Heringslagerhäuser errichtet. Sie nahmen das Salz aus den Salinen Lüneburgs auf, das zunächst auf dem Landweg über die ›Alte Salzstraße‹ nach Lübeck kam. Später wurde es auf Kähnen über den Stecknitzkanal verschifft und weiter auf den Lübecker Koggen nach Nordeuropa und Russland exportiert. Es müssen Tonnen von Salz herantransportiert worden sein, denn für etwa fünf Fässer Fisch benötigte man ein ganzes Fass Salz. Als die Heringsschwärme in der Ostsee schwanden und die Skandinavier das preiswertere Salz von der Nordseeküste kauften, wurde in den Speichern Getreide oder Holz gelagert. In den 1950er-Jahren zog ein Modehaus ein, das den morastigen Grund der Gebäude befestigen ließ und noch heute die Räume nutzt.
Bus: Holstentorplatz

Terrakotta-Flash
Statius-von-Düren-Haus
🕮 Karte 2, E 6
Schon der farbige Anstrich des Hauses verbreitet mediterranes Flair. Regierungsrat Ferdinand von Warnstedt ließ das Wohnhaus im 19. Jh. erbauen. Die auffallenden Terrakottafriese und -figuren stammen von Meister Statius von Düren (etwa 1520–70). Er war einer der bedeutendsten Baukeramiker seiner Zeit in ganz Norddeutschland. Die Ausschmückung des Schweriner Schlosses etwa stammt von ihm. Seine Bildwerke waren für die Braunstraße 4 gefertigt worden. Das Gebäude verfiel jedoch, und der Besitzer rettete sie für sein neues Haus an der Musterbahn.
Musterbahn 3, Bus: Fegefeuer

Herrschaftszeiten waren gestern
Kanzleigebäude 🕮 Karte 2, D 4
Ab 1484 wurde die alte Ratsschreiberei in Verlängerung des Rathauses errichtet und im Laufe der Zeit zur Mengstraße hin erweitert. Die schönen Kalksandsteineinlagen treten deutlich hervor und beleben die Backsteinarchitektur. Die Arkaden, in denen einst die Schuster und Kürschner ihre Waren anboten, wurden wieder geöffnet und zur Breiten Straße hin verglast. Dort haben sich der Lübeck-Laden, das Lübecker Teekontor und das Wiener Caféhaus (► S. 23) eingerichtet. Im ersten Stock des Cafés erinnert nichts mehr daran, dass dort das Staatsarchiv sowie das Amtszimmer der Bierprobe und die Polizeiwache mit einem Gefängnis, auch ›Bullenstall‹ genannt, untergebracht waren.
Bus: Schüsselbuden

Kirchen als Spiegel der Gesellschaft

Gegensätzlicher könnten zwei Gotteshäuser nicht sein. Der Dom verkörpert die geistliche Macht, die stets in Konkurrenz zur Rats-Marienkirche stand. St. Aegidien war einst die Kirche der Handwerker und Ackerbürger und ist heute der Mittelpunkt des beinahe ländlichen Viertels.

Viel gerühmt ist die Silhouette der Stadt mit den sieben Türmen der fünf gotischen Kirchen. Dieser Anblick ist einzigartig. Woher aber hatten die damals 20–25 000 Einwohner der Stadt so viel Geld und Arbeitskräfte, um nahezu zeitgleich solche großen Projekte zu realisieren? Lübeck muss im 14. Jh. eine einzige Baustelle gewesen sein! Unklar ist, wie es zu dem Bauboom kam. Eine Triebfeder war sicherlich der Reichtum der Kaufleute zur Hauptblüte der Hanse, sowie Standesdünkel und Repräsentationswille einzelner Gruppen.

Der Lettner im Dom mit seiner detailreichen Uhr

Die enge Beziehung der Lübecker zu ihren Gotteshäusern beschränkt sich nicht auf das Mittelalter. In den folgenden Jahrhunderten wurden die Kirchen, zumindest im Innern, gemäß dem Zeitgeschmack erneuert, erweitert und prunkvoll geschmückt – bis mit der Reformation das Wort anstelle der Bildsprache im Vordergrund stand.

Heinrichs Idee

Dom zu Lübeck Karte 2, D 6
Durch das Fegefeuer, so der Name der Straße, gelangen Sie direkt zum ›Paradies‹! Seit Mitte des 13. Jh. ist diese prächtige, offene Vorhalle des Doms dem Hauptportal vorgesetzt. Dort wurden Recht gesprochen und Asyl gewährt, denn an dieser Stelle endete die städtische Gerichtsbarkeit.
Den Grundstein für Lübecks ältestes Gotteshaus legte Heinrich der Löwe 1173. Er war der Ideengeber, der die Backsteintechnik aus Norditalien einführte. Die beiden trutzigen Türme sind teils mit Glasursteinen geschmückt, deren Herstellungsweise aus dem islamischen Mittelmeerraum übernommen wurde. Diese, wie auch der Rautenfries mit dem hellen Putzgrund an der Ostseite des Nordturms, sind schon von weitem auszumachen. An etlichen Details kann der Fachmann die einzelnen Bauphasen bis Mitte des 18. Jh. erkennen. Denn die Errichtung ging nicht so reibungslos vonstatten – zwischendurch stagnierte das Bauvorhaben über 50 Jahre lang! Ähnlich erging es dem Dom nach dem Bombenangriff 1942. Es dauerte 40 Jahre, bis das ausgebrannte und größtenteils eingestürzte Gebäude wieder aufgebaut war.

Beim Betreten fällt die Weite und Helligkeit des Raumes auf. Der weiße Putz nimmt den wuchtigen Pfeilern und dem schweren Gewölbe alles Bedrückende. Gleichzeitig haben sich drei Inseln der Zusammengehörigkeit gebildet, die die enorme Länge des Domes von 130 m vergessen lassen. Sie werden abgetrennt durch zwei Werke von Bernt Notke: das 17 m hohe Triumphkreuz mit der Christusfigur in zweifacher Lebensgröße (1477) und den Lettner mit der Sonnenuhr, in deren plastischen Sonnengesicht die Augen bei jedem Schlag hin und her rollen, sowie der Glaswand zum Ost-Chor hin.
Unbedingt anschauen sollten Sie den Marienaltar mit der Einhornjagd (1506), den anrührenden Wandschrein mit Johannes der Täufer und dem hl. Nikolaus (um 1475), die anmutige »Schöne Madonna« (1509) aus Kalksandstein sowie die Renaissancekanzel (1568) von Hans Fleminck. Auf 1450 lässt sich die Madonna mit der Sternenkrone datieren.
Mühlendamm 2, www.domzuluebeck.de, Bus: Fegefeuer, 10–18, im Winter bis 16 Uhr

Zeugen von Reichtum

St.-Aegidien-Kirche 🕮 Karte 2, E 5
Die kleinste der fünf Stadtkirchen ist bis heute liebevoll im Stadtteil integriert. Die romanische Hallenkirche wurde 1227 erstmals erwähnt, bis ins 15. Jh. umgebaut und erweitert. Beachtenswert ist der Originaldachstuhl mit spätgotischem Dachreiter. Wenn sich die Augen erst an den relativ dunklen Innenraum gewöhnt haben, erblicken Sie die Kunstwerke aus dem 13.–18. Jh. und die großen, unebenen Bodensteinplatten. Diese tragen zur ganz eigenen Atmosphäre der Kirche bei, die ihre Schönheit im Detail offenbart: Der Lettner oder Singechor aus dem 16. Jh. gilt als Hauptwerk des Lübecker Holzschnitzers Tönnies Evers d. J. und fasziniert durch seine ideenreichen Schnitzereien, wie die fein gearbeiteten Figuren auf der Brüstung der elegant geschwungenen Treppe. Zwei berührende Kunstwerke schmücken die Pfeiler unter dem Lettner: das hölzerne Relief des segnenden

In St. Aegidien wurde 1530 der erste evangelische Abendmahlgottesdienst gefeiert.

Christus aus der Spätromanik und, im Kontrast dazu, die äußerst ausdrucksstarke, sehr realistische Figur der Pietà aus dem 15. Jh. Der hölzerne Hochaltar (1701) und die Kanzel (1708) mit der marmorierten Brüstung sind typisch für das Lübecker Barock in den Farben Weiß, Schwarz und Rot gehalten.
Die Bronzetaufe (1453) des Lübecker Meisters Heinrich Gerwieges gibt bei genauerem Hinschauen Interessantes preis. Sie ruht auf den Schultern dreier Figuren, an denen man eine Mönchstonsur, aber auch Flügelansätze entdeckt: Vermutlich waren sie nach der Reformation zu Engeln ›umgewandelt‹ worden.
Der Lübecker Bach-Chor tritt regelmäßig in der Kirche auf, oft von der Großen Orgel begleitet, die nach den Plänen des Hamburger Orgelbauers Hans Scherer von Lübecker Meistern in den Wirren des Dreißigjährigen Krieges gefertigt wurde. Diese ist bis heute in ihrer äußeren Form erhalten, bekam nur im 18. Jh. als seitliche Begrenzung riesige Posaunenengel angefügt. Hinter der historischen Fassade verbirgt sich das neue Werk von 1982.
Aegidienkirchhof 1–3, T 0451 70 56 22, www.aegidien-kirche-luebeck.de, Bus: Krähenstraße, Di–Sa 10–16 Uhr

Pause. Einfach mal abschalten

Lübeck überrascht immer wieder mit lauschigen Plätzen am Wasser oder unvermuteten Oasen mitten in der Stadt. Da man die Stadt wunderbar zu Fuß erkunden kann, ist es gut zu wissen, wo sich solche Ruhepole aufspüren lassen. Oder wie wär's mit einem erfrischenden Bad mitten in der Innenstadt oder am Strand von Travemünde?

Baden mitten in der Stadt

Krähenteich und Mühlenteich

Karte 2, D/E 5/6

Die beiden Teiche werden von der Wakenitz gespeist. Beim Bau des Elbe-Lübeck-Kanals wurde der Fluss durch einen Damm abgetrennt und liefert das Wasser nun durch einen kleinen Kanal, Düker genannt. Auf den Bänken rund um die Teiche entspannt man sich mit der Aussicht auf Wasserpflanzen und eine vielfältige Vogelwelt. Das Naturbad Krähenteich lädt im Sommer zu einer schnellen Abkühlung in der Mittagspause ein.

Bus: Stadthalle, ab Ende Mai 10–19 Uhr geöffnet, 2 €

Pflanzenvielfalt

Schulgarten G 4

In Lübecks ›Botanischem Garten‹ wird seit über 100 Jahren eine Vielzahl an Pflanzen gehegt, gepflegt und kenntnisreich zusammengestellt. Es gibt eine Wildblumenwiese, Nutz- und Bauerngärten, ein Alpinum, einen Lindentunnel sowie verschiedene Themengärten und Feuchtbiotope. Sitzplätze fügen sich harmonisch in die Umgebung, teils von Kletterpflanzen und Linden umrahmt oder am Rand des Seerosenbeckens platziert. Der Garten liegt zwischen dem Freibad Falkenwiese und der Wakenitz, sodass man sich dort im Sommer wunderbar abkühlen kann. Dann bietet auch ein kleines Café Kuchen und Getränke an (Juni–Aug. 13–18 Uhr).

An der Falkenwiese, Bus: An der Falkenwiese, April–Okt. Mo–Fr 7–19, Sa/So ab 10 Uhr, kostenfrei

Erholsamer Spaziergang

Wallanlagen C 5–E 6

Vom halbkreisförmigen Sonnenplatz unterhalb der Puppenbrücke führt ein etwa 4 km langer Spazierweg durch die Wallanlagen. Sie sind aus den Resten der ehemaligen Verteidigungswälle hervorgegangen. Es geht durch wald- und parkähnliche Gebiete, vorbei am Schneckenberg, der Wipperbrücke, dem ehemaligen Stadttor (Kaisertor) oder auch einem Spielplatz mit Planschbecken.

Bus: Holstentorplatz

Musik zwischendurch

St.-Lorenz-Kirche Karte 3, B 4

Die Travemünder Kirche wurde im 16. und 17. Jh. über den Resten eines romanischen Vorgängerbaus errichtet. Einige Teile wie der Chor und die Sakristei stammen noch aus dem Mittelalter. Gerade im Sommer ist sie ein Ort zum Abschalten vom Trubel auf der Vorderreihe und am Strand. Von Juni bis September bieten sich dazu auch die donnerstäglichen Marktkonzerte an. Ab 10.30 Uhr lässt sich wunderbar eine halbe Stunde lang beim Klang der Orgel entspannen. Danach lohnt ein Blick auf die reich bemalte Kassettendecke (1602), den Altar (1723) des Lübecker Bildhauers Hieronymus Jakob Hassenberg und die Kanzel (1735). Gotischen Ursprungs sind der Christuscorpus des Triumphkreuzes und die Holzskulptur des hl. Jürgen, des Drachenbezwingers.

Vogteistr. 22, Travemünde, www.kirche-travemuende.de, Bahn: Travemünde, Di–Fr 9–16, Sa/So bis 12 Uhr

Einmal ausklinken bitte: Müßiggang an der Obertrave

Baumeln Beine und Seele

Obertrave Karte 2, D 6

Am Ufer der Trave stehen mehrere Bänke. Mit Blick auf das Wasser und die vorbeiziehenden Schiffe können Sie hier Ihren Füße ein Päuschen gönnen und Ihre Eindrücke sacken lassen. Ein besonders schöner Platz weiter stadtwärts, um Beine und Seele baumeln zu lassen, ist das Mäuerchen an der Trave-Promenade. Vom Kiosk gegenüber den Salzspeichern versorgt man sich mit einem Bier, Kaffee oder Eis auf die Hand und sieht entweder dem Trubel auf der Promenade zu oder beobachtet das langsame Fließen der Trave.

Raus in die Natur

Dummersdorfer Ufer Karte 4, B 1

Nordöstlich von Lübeck zwischen Kücknitz und Travemünde liegt dieses rund 340 ha große Naturschutzgebiet. An dem wunderschönen Ufer der Untertrave erwarten Sie unterschiedliche Biotope seltener, wärmeliebender Pflanzen- und Tierarten. Das angrenzende Landschaftsschutzgebiet mit der charakteristischen Knicklandschaft wirkt dabei als Pufferzone zur Zivilisation. Drei erholsame Spazierwege zwischen 5 und 7 km Länge führen am Silkteich vorbei zum Hirtenberg und dem Stülper Huk bzw. zum Nördlichen oder Südlichen Steilufer. Man kreuzt Trockenrasen und Feuchtwiesen, zu deren Pflege Heidschnucken gehalten werden, oder durchquert den anschließenden Niederwald. Als tiefe Böschungseinschnitte erkennt man heute noch die Entnahmestellen von Sand und Kies, die über Jahre als Ballast für die Schiffe abgebaut wurden.

Resebergweg 11, www.dummersdorfer-ufer.de, Bus: Hirtenbergweg

Stille hinter berühmten Häusern

Bürgergärten Karte 2, E 3

Die Gärten hinter dem Heiligen-Geist-Hospital und dem Haus der Gesellschaft zur Beförderung gemeinnütziger Tätigkeit in der Königstraße sind öffentlich zugänglich. Es lässt sich erkennen, dass sie einst von bekannten Gartenarchitekten angelegt wurden, mit Skulpturen und einem kleinen Wasserlauf. Gemütliche Bänke laden zur Rast ein.

Zugang zwischen Emanuel-Geibel-Denkmal und Heiligen-Geist-Hospital, Bus: Koberg

WANN'S RECHT IST

In den Wintermonaten Januar bis März lassen viele Hotels die Preise purzeln. Meist wird der Aufenthalt bei Buchungsbeginn Sonntag bis Dienstag ebenfalls deutlich günstiger. Zur Weihnachtszeit spontan ein Zimmer bekommen zu wollen, ist dagegen nahezu aussichtslos. Die weithin berühmten Lübecker Märkte locken Ströme von Besuchern in die Stadt. Zudem ziehen die Zimmerpreise in dieser Zeit deutlich an. Da hilft nur rechtzeitig zu buchen oder eine Unterkunft in einem der Nachbarorte zu suchen.

Alternativ, nachhaltig und naturnah

Einen Städtetrip als Zweit- oder Drittreise zu buchen, wird immer beliebter. Und so versucht Lübeck, die Hotellandschaft sowohl im unteren Preissegment als auch in der Nachhaltigkeit attraktiver zu gestalten. Neben Jugendherbergen und Hostels bieten sich günstige Apartments (https://wohnen-mybed.eu) als wunderbare Alternative an. Seit 2011 trägt Lübeck den Titel »Fairtrade-Stadt«, was sich auch die Hoteliers auf ihre Fahne schreiben.
Gleichzeitig wurde der Ruf nach authentischem Wohnen immer lauter. So haben sich vermehrt Hotels in Altlübecker Häusern eingerichtet und lassen ihre Gäste der Vergangenheit der Kaufleute oder in den Ganghäusern dem Leben der kleineren Leute nachspüren. Man fühlt sich in den liebevoll sanierten Häusern wie ein neuer Nachbar und genießt das Privileg des Dazugehörens. Sehr schön: das Lewin-Apartment im Blohmsgang an der Obertrave (www.apartment-luebeck.de). Bei der Tourist Information (www.luebeck-tourismus.de) bekommen Sie eine Liste weiterer Ganghäuser.

Um Stadtbummel und Strandleben geschickt zu verbinden, empfiehlt sich das nur 20 km entfernte Travemünde. Viele Hotels punkten mit einer wunderbaren Lage direkt an der Vorderreihe oder der anschließenden Strandpromenade. In der zweiten Reihe wohnt man dagegen günstiger und manches Mal persönlicher.

Was sich liebt, das neckt sich – gilt auch im Strandschlafkorb.

Fahrrad- und rollstuhlfreundlich

Jugendherberge ›Vor dem Burgtor‹
E 2

Das Haus liegt ein kleines Stück außerhalb der Altstadt, nur wenige Schritte von der Trave entfernt. Es ist mit Bussen vom Bahnhof aus gut angebunden und der Norden der Altstadtinsel fußläufig schnell zu erreichen. Die Zimmer sind einfach, aber modern eingerichtet, es gibt Einzelduschen auf allen Etagen. Acht der Zimmer sind für Rollstuhlfahrer eingerichtet. Die Jugendherberge ist außerdem von ADFC als fahrradfreundlich zertifiziert.

Gertrudenkirchhof 4, T 0451 334 33, www.jugendherberge.de, Bus: Gustav-Radbruch-Platz, Bett ab 26 €, 2-Bett-Zimmer 62 €

Hostel mit guter Seele

Rucksackhotel Karte 2, F 4

Der Klughafen (Kanaltrave) ist lediglich einen Katzensprung entfernt mit seinen Einsatzstellen für Kanus oder Kajaks. In den einfachen, fröhlich eingerichteten Zimmern trifft sich ein internationales, zumeist jüngeres Publikum. Der nette Aufenthaltsraum lädt zum gemütlichen Zusammensitzen und Austauschen von Reisetipps ein. Es gibt auch die Möglichkeit zum gemeinschaftlichen Kochen, da in der Küche alles Notwendige vorhanden ist – eine tolle Gelegenheit für diejenigen, die mit eher schmalem Geldbeutel reisen. Einen Bio-Supermarkt finden Sie gleich um die Ecke. Die Hausordnung ähnelt der einer Jugendherberge. Für diejenigen, die dem Verzehr von Fleisch abgeschworen haben, gibt es noch eine gute Neuigkeit: Angeschlossen ist nämlich das vegetarische Café-Restaurant Affenbrot (Mo–Fr, So 9–21, Sa bis 22 Uhr, Mittagstisch 8,90 €).

Kanalstr. 70, T 0451 70 68 92, www.rucksackhotel-luebeck.com, Bus: An der Falkenwiese, Bett ab 17 €, EZ 29 €, DZ 46 €, behindertengerechter Zugang

Tolle Alternative

wohnen-mybed.eu B 4 und C 2

Die 1–4-Bett-Apartments sind einfach und gut eingerichtet, mit Bad und komplett ausgestatteter Küche. Sie befinden sich zwar außerhalb der Altstadtinsel, diese ist aber von drei der Apartments (Friedenstr. 48, Warendorpstr. 30, Steinrader Weg 61–63) durchaus noch zu Fuß zu erreichen. Außerdem: Bei längeren Spaziergängen hat man auch mehr Zeit, Entdeckungen zu machen.

T 0451 40 77 10 67, Anreisetage Mo–Fr 14–18 Uhr oder n. V., 20–25 €/Pers., 4-Bett-Zi ab 14 €

Ideal zur Stadterkundung

Hotel an der Marienkirche
Karte 2, D 4

Das sehr zentral gelegene Haus ist in skandinavischem Design eingerichtet. Dank des schnörkellosen, doch gemütlichen Mobiliars und der entsprechenden Bettwäsche sind die Zimmer besonders für Allergiker eine Wohltat. Einzig der Duschbereich ist etwas kleiner ausgefallen. Das reichhaltige Frühstück bietet auch bei Nahrungsmittelunverträglichkeit gute Alternativen an. Bei weiteren Wünschen ist das äußerst freundliche Personal stets zur Stelle. Der Hotelparkplatz liegt direkt gegenüber an der Marienkirche.

Schüsselbuden 4, T 0451 79 94 10, www.hotel-an-der-marienkirche.de, Bus: Schüsselbuden, DZ ab 86 €

Behaglich wohnen am Krähenteich

Hotel Zur Alten Stadtmauer
Karte 2, E 6

Den Gast erwarten gemütliche Zimmer in einem Lübecker Altstadthaus. Es liegt in einer verkehrsberuhigten Nebenstraße und strömt viel Ruhe aus. Dank der sympathischen Inhaber fühlt man sich gleich heimisch, vor allem im Frühstücksraum mit der Bücherecke. Von dort geht der Blick ins Grüne und auf den Krähenteich. Es werden auch Familienzimmer mit bis zu 5 Betten angeboten.

An der Mauer 57, T 0451 737 02, www.hotelstadtmauer.de, Bus: Fegefeuer, DZ ab 86 €

Den schönen Koberg im Blick

KO15 Karte 2, E 3

Die 14 klassisch-modern eingerichteten Zimmer bieten ausreichend Platz. Durch die netten Sprossenfenster blicken Sie auf den Platz mit Heilig-Geist-Hospital und St. Jakobi-Kirche. Wenn Sie mehr Ruhe möchten, sollten Sie lieber eines der Zimmer nach hinten raus beziehen. Als Besonderheit wurde hier und da ein Stück Backsteinwand des historischen Hauses unverputzt belassen – das sieht sehr schön und authentisch aus. Das Frühstücksbüfett können Sie im Sommer auch auf der Terrasse einnehmen. Dank seiner zentralen Lage bietet sich das KO15 für bequeme Stadterkundungen an.

Koberg 12, T 0451 777 15, ko15.ovh, Bus: Koberg, DZ ab 130 €, Apartments (Beckergrube, Obertrave) ab 96 €.

Zimmer mit Tiefgang

Klassik Altstadt Hotel Karte 2, D 3

Das fein herausgeputzte Altstadthaus hält klassisch-romantisch eingerichtete Zimmer bereit. Sie sind in der Ausstattung jeweils einer Lübecker Persönlichkeit gewidmet, mit entsprechender Kurzvita. Will man das Zimmer lieber mit den Mann-Brüdern, Erich Mühsam oder Bach und Buxtehude teilen? Das Haus wird sehr persönlich und liebenswürdig geführt und bietet ein umfangreiches Frühstücksbüfett. Haustiere sind erlaubt. Alles in allem ein schöner Platz zum Unterkommen und Innehalten.

Fischergrube 52, T 0451 70 29 80, www.klassik-altstadt-hotel.de, Bus: Breite Straße/Stadttheater, DZ ab 133 €

Im Zeichen der Seefahrt

Lili Marleen Karte 3, A 4

Mitten in Travemündes Altstadt hat sich der einstige Treffpunkt für Matrosen und Fischer zu einem feinen Hotel gemausert. Die Zimmer sind im nautischen Stil eingerichtet. Es gibt eine leckeres »feinheimisches« Frühstück und viele Informationen zum Stadtbummel sowie einen erholsamen Garten mit Sonnendeck, Liegestühlen und Strandkorb. Das Besondere ist ein Aufenthaltsraum im Kapitänshaus mit Bibliothek und Teestation sowie ein Spielzimmer für Kinder unter dem Dach.

Torstr. 34, Travemünde, T 04502 888 26 31, www.hotel-lilimarleen.de, DZ ab 95 €

Wohnen wie die alten Lübecker

Balkenhäuschen Karte 2, E 6

Reizvoll ist die Übernachtung im Balkenhäuschen, einem kleinen Lübecker Haus aus dem 18. Jh. mit historisch erhaltener Raumaufteilung. Es war einst ein Teil eines mittelalterlichen Ackerhofes. Es ist stilvoll und gleichzeitig behaglich eingerichtet. Im Duschbad finden sich authentische Bodenplatten. Das Haus wird mit zwei Schlafzimmern für bis zu 4 Personen angeboten. Wer weiß, was Ihnen hier die Wände in der Nacht über den längst vergangenen Lebensstil in Lübeck zuflüstern?

An der Mauer 154, T 0451 69 39 25 71, www.historisch-wohnen-in-luebeck.de, ab 488 € für 2 Pers./Woche

Romantisch wohnen im Schloss

Lübecker Krönchen D 1

Im inhabergeführten Traumschlösschen, dem ehemaligen Schloss Bellevue, wurden die Zimmer mit viel Liebe zum Detail modern restauriert. Es erwarten Sie sechs luxuriöse Zimmer bzw. Suiten, deren sprechende Namen (Himmel auf Erden oder Sternstunden) schon fast alles verraten. Sie sind individuell und mit modernster Technik eingerichtet, den ›Schlossgeist‹ eingeschlossen. Für das Genießer-Frühstück werden überwiegend heimische Produkte verwendet. In Garten, Pool und Sauna scheint der Alltag weit weg. Die Innenstadt ist bequem fußläufig zu erreichen.

Einsiedelstr. 10, T 0451 30 43 60 65, https://luebecker-kroenchen.de, DZ ab 136 €

Sightseeing-Tipps inbegriffen

Hotel Pergola – Das kleine Hotel

F 1

Die kleine Familienpension hat sieben individuell, modern eingerichtete Zimmer und liegt in unmittelbarer Nähe des Stadtparks. Im hübschen Frühstücksraum wir ein reichhaltiges, gesundes Frühstücksbuffet angeboten. Parkmöglichkeiten gibt es vor der Tür, die Altstadt ist jedoch gut zu Fuß zu erreichen.

Adolfstr. 2, T 0451 353 56, www.hotel-pergola.de, DZ 78 €, Familienzimmer ab 85 €

Schlafen wie in einer Koje: Familienzimmer im ›Lili Marleen‹

Strand in Sicht

Strandperle Karte 3, C 2

Die liebevoll restaurierte Jugendstilvilla erwartet die Gäste mit hübsch eingerichteten Zimmern, teils mit gemütlicher Terrasse und Blick auf die Ostsee. Das Personal ist stets gut gelaunt und die Atmosphäre freundlich. Ein Restaurant befindet sich im Hotel.

Kaiserallee 10, Travemünde, T 04502 888 97 07, www.lieblingsplatz-hotels.de/strandperle, Bahn: Strandbahnhof Travemünde, DZ ab 74 €, Frühstück 14 €

Mitten in der Natur

Hotel Landhaus Absalonshorst

Karte 4, B 2

Übernachten in einem ehemaligen Fischerhorst, der seinen Namen vom einstigen Bewohner Hans Absalon-Kemp erhielt. Die neun Zimmer in diesem familiär geführten Haus sind freundlich eingerichtet, mitunter vielleicht etwas hellhörig. Der Schiffsanleger der Wakenitz-Schiffe liegt vor der Tür, sodass man Lübeck bequem über den Fluss erreichen kann. Auf der gemütlichen Restaurantterrasse genießt man guten Fisch und leckeren Kuchen mit Blick auf den Fluss.

Absalonshorster Weg 100, Lübeck-Groß Grönau, 15 km von Lübecks Innenstadt entfernt, T 04509 79 09 00, www.absalonshorst.de, DZ ab 95 €, Mo/Di Ruhetage, Anreise nur nach vorheriger Anmeldung!

S STRAND-KORB

Unbedingt sollten Sie einmal eine **Nacht im Strandkorb** erleben. Näher an der Natur geht es kaum, und das Meeresrauschen ist im Preis inbegriffen. Auf Wunsch können Sie ein Strandfrühstück dazu bestellen oder einen Mondschein-Picknickkorb.

65 €/Nacht, Infos bei www.travemuende-tourismus.de

ZUM SELBST ENTDECKEN

Eine große Auswahl an Lokalen finden Sie in der Fleischhauer-, der Schlumacher- sowie auch in der Hüxstraße. Wenn diese beliebte Einkaufsstraße samstags zur Fußgängerzone wird, können Sie besonders gemütlich draußen sitzen. Das gilt auch für die Cafés und Restaurants an der Obertrave, die mit dem Blick auf die Trave punkten. Zum südlichen Flair fehlt eigentlich nur eine etwas stabilere Wetterlage!

Tradition mit frischen Impulsen

Nachhaltigkeit sowie fair gehandelte und regionale Produkte stehen hoch im Kurs. Man möchte wissen, woher die Zutaten stammen und wie sie angebaut werden. Ebenso verhält es sich mit Tee, der oft lose und aus nachhaltigen Anbaugebieten angeboten wird. Von Matjes mit Bratkartoffeln bis zur Gourmetküche von Sterneköchen, von gutbürgerlich bis mediterran hat sich ein breites Spektrum an kulinarischen Angeboten entwickelt. Viele Gäste wollen auch die typisch norddeutschen Gerichte kennenlernen, daher erlebt die verfeinerte Regionalküche eine Renaissance.

Traditionelle Gerichte werden nicht überall angeboten, aber es gibt sie noch, vor allem in Travemünde. **Labskaus,** das ehemals typische Seemannsgericht wird aus zerkleinertem, gepökeltem Schweine- und Rindfleisch, Kartoffeln, Rote Beete und Rollmops zubereitet. Es schmeckt viel besser, als es auf den ersten Blick vermuten lässt! Das Eintopfgericht **Lübecker National** besteht aus Steck- und Mohrrüben, Kartoffeln sowie Räucherbauch oder Kasseler. Man bekommt es vor allem in der kalten Jahreszeit serviert.

Dem Motto ›draußen sitzen wie im Süden‹ versuchen immer mehr Restaurantbesitzer gerecht zu werden. Wer nicht über einen eigenen Hinterhof oder Garten verfügt, ist bemüht, wenigstens ein paar Tische und Stühle auf dem Gehweg vor dem Lokal zu platzieren.

Bloß nicht verkneifen …

SO BEGINNT EIN GUTER TAG IN LÜBECK

Klein und fein

Café Calma Karte 2, E 5

In bequemen Korbsesseln sitzt man im netten Wintergarten, im idyllischen Innenhof oder auch im Séparée. Zwischen 9 und 12 Uhr (Sa/So bis 13 Uhr) stehen mehrere Frühstücksvariationen, Bagels, Toasts oder Rührei mit Kaffee ›all you can drink‹ zur Auswahl. Die Gerichte (9–17 €) sind mediterran angehaucht, außerdem gibt es Flammkuchen und Regionales. Bei schönem Wetter (vormittags ist hier Sonne) genießt man an einem der Tische vor dem Café das Treiben auf der Hüxstraße.

Hüxstr. 67, T 0451 727 29, Bus: Fleischhauerstraße, Mo–Sa 9–18, So 9.30–15 Uhr

Nicht nur Marzipantorte

Café Niederegger Karte 2, D 4

Gegenüber dem Stammhaus (▶ S. 30) liegt die Dependance ›Arkadencafé‹, in dem man im Sommer draußen direkt am Rand des Rathausplatzes sitzt.

Breite Str. 64, T 0451 300 38 56, Bus: Kohlmarkt, Mo–Do 9–19, Fr/Sa 8–20, So 10–18 Uhr

Himmlisch selbst gemacht

Engelsbäckerei Karte 2, D 5

Katharina Engelhard hat sich in ihrem Café-Laden auf amerikanisches und französisches Kleingebäck spezialisiert: Tartelettes, Brioches, Cinnamon Rolls, Marshmallows und Brownies (vor allem das After-Eight-Brownie ist lecker!), immer frisch zubereitet; Sie können sie gleich vor Ort genießen oder auch mitnehmen. Viele Sorten gibt es gluten- und eifrei, wie im Café auch selbstverständlich laktosefreie Milch vorrätig ist. Die Getränkekarte enthält manch Ungewöhnliches, wie ›Heaven in a cup‹, dunkle Schokolade in einer Espressotasse serviert. Man sitzt über zwei Etagen in einem liebevoll gestalteten Ambiente. Kleine Gäste vergnügen sich in der großen Spielecke im Untergeschoss.

Große Petersgrube 8a, T 0451 79 29 99, www.engelsbaeckerei.de, Bus: Holstentorplatz, Di–Sa 10–18 Uhr, gezahlt werden kann nur mit Karte!

Für Fairness und Nachhaltigkeit

Kaffeehaus Karte 2, E 5

In dem alten Lübecker Haus mit der schönen Deckenmalerei wird der Kaffee auf traditionelle Weise vor Ort geröstet. Dazu gibt es Schokolade, Gebäck, Pralinen und diverse Kuchen aus eigener Herstellung im Angebot. Ein Lächeln auf das Gesicht zaubern die hübschen Muster auf den Kaffeespezialitäten, die der Barista kreiert. Das leckere Frühstück gibt es von 9 bis 12, So bis 13 Uhr, auch mit herzhaften Kleinigkeiten. Das Tagesmenü bekommt man für 9,90–11,90 €.

Hüxstr. 35, T 0451 70 98 48 10, www.kaffeehaus-luebeck.de, Mo–Sa 9–18, So ab 10 Uhr

Gemütlichkeit im Hinterhof

Café Hansehof Karte 2, E 5

Bereits der Zugang in den hübschen Hof vor dem Café ist sehenswert. Man geht durch die wunderschön restaurierte Diele des alten Bierbrauerhauses, in dem bis 1907 Bier gebraut wurde. Dahinter öffnet sich ein nettes Plätzchen, ruhig und abgeschirmt vom Straßenlärm. Das reichliche und liebevoll garnierte Frühstück gibt es in mehreren Varianten (ab 6,90 €) bis 12 Uhr. Ab 10 Uhr werden auch leckere Pfannkuchen, süß oder herb, und herzhafte Snacks zubereitet. Eine Besonderheit zur Kaffeetafel ist der New York Cheesecake.

Wahmstr. 35–37, T 0451 80 85 61 21, tgl. außer Fr 10–18 Uhr, www.cafe-hansehof.de, Bus: Wahmstraße

Sonnenterrasse inklusive

Bistro & Café Haus am Birnbaum Karte 3, B 4

Das nette kleine Kaffeehaus punktet nicht nur mit der idealen Lage, direkt an der Promenade mit Blick auf Hafeneinfahrt und Priwall, sondern auch mit dem freundlichen Personal und den leckeren Kuchen. Die hausgemachten Obststreusel und die frischen Waffeln mit Eis, heißen Kirschen oder pur muss man mal probieren. Vormittags lädt es zum ausgiebigen Frühstück ein.

Vorderreihe 24a, Travemünde, T 04502 88 66 58, tgl. 11–18 Uhr

Genusserlebnis in der Hüxstraße im warmen Sonnenschein!

WO ESSEN AUF NACHHALTIGKEIT TRIFFT

Mediterran bis hin zum Ambiente

Miera Karte 2, E 5

Bistro und Restaurant sind unter einem Dach vereint. Das Restaurant ist eines der edelsten von Lübeck, und sowohl Weinkarte als auch Küche sind sehr zu empfehlen. Es werden saisonale und oft regionale Produkte verwendet. An Sommerabenden lädt der hübsche Hofgarten mit überraschendem Fischteich zu einem guten Tropfen ein. Das Ambiente ist südländisch schön.

Hüxstr. 57, T 0451 772 12, www.miera-restaurant.de, Bus: Fleischhauerstraße, Di–Sa 11.30–24 Uhr, im Dez. auch Mo, Gerichte ab 12,50 €, Menü ab 35 €

Vegetarisch und vegan

Café Bistro Erdapfel Karte 2, D 4

Der Laden direkt am Rathausmarkt bietet wunderbare große Kartoffeln mit Füllung nach Wunsch an (5,50 € mit zwei Füllungen, jede weitere 0,50 €). Diese reichen von Tomaten und Gurken über Bulgur- und Kirchererbsensalat bis zu Feta und Körnermix. Wem das Aussuchen zu schwierig ist, kann zwischen sechs festen Varianten wählen, mit so klingenden Namen wie ›Vitalia‹, ›Bombay‹ oder ›1001 Nacht‹.

Markt 1, T 0451 58 69 83 90, Bus: Kohlmarkt, Mo–Sa 11–20 Uhr

Kaffeeduft aus Tradition

Neue Rösterei Karte 2, E 5

Im Jahre 1897 betrieb die Firma Behn & Sohn in diesen Gebäuden ihren Handel mit Kaffee, Früchten, Gewürzen sowie Tee, sie hatte u. a. fünf große Kaffeeröstmaschinen in Betrieb. Heute sitzt man an gleicher Stelle unter der hohen Decke hinter den riesigen Bogenfenstern oder im gemütlichen Innenhof – Erholung pur mitten in der Stadt. Und eine neue Trommelröstmaschine gibt es auch wieder, in der handgepflückte Bohnen aus verschiedenen Ländern zu ihrem unverwechselbaren Aroma gebracht werden. Dazu gibt es leckere hausgemachte Stullen und saisonale kleine Gerichte. An den Bänken und

Tischen aus Europaletten schmeckt auch ein gutes kaltes Craft-Bier.
Wahmstr. 43–45, T 0451 777 73, www.neue-roesterei-luebeck.de, Bus: Wahmstraße, Di–Sa 9.30–19, So–18 Uhr, Stullen ab 4,50 €

Witzig-gemütliche Einrichtung

Leo's Juice & Burger Karte 2, E 5
Die Auswahl an handgemachten Burgern (ab 5 €) in immer neuen Varianten ist riesig. Sie werden selbstverständlich auch vegan angeboten. Versuchen Sie mal die frisch gepressten Säfte aus Früchten der Region, etwa ›Landlust‹, ›Grüner Matrose‹ oder ›Beerentopf‹. Eine Besonderheit sind die hausgemachten Pommes und Gemüsefritten aus Karotten und Pastinaken. Abends reizen die leckeren Cocktails (ab 5 €).
Mühlenstraße 49, T 0451 39 77 45 90, www.juiceandburger.de, Bus: Fegefeuer, Mo–Do 17–22, Fr/Sa ab 12, So 13–21 Uhr

Qualitätsvoller Fisch

Fisch Wöbke Karte 3, B 3/4
Seit fast 50 Jahren steht Fisch Wöbke für guten Fisch. Die Fischbrötchen (ab 2,90 €) werden stets frisch zubereitet und die krossen Brötchen vom Bäcker nach Wunsch belegt. Man kann sie mitnehmen oder im Geschäft an zwei Stehtischen verzehren, genauso wie Räucherfisch oder Matjes mit Kartoffelsalat (ab 6,60 €) oder leckere Fischsuppe.
Kurgartenstr. 94/Ecke Rose, Travemünde, T 04502 54 66, www.fischwoebke.de, Mo–Sa 9–18, Nov.-Ostern Mo–Fr 9–18, Sa 9–14 Uhr, So geschl.

Institutionen und Szenetreffs

Vornehm traditionsbewusst

Schabbelhaus Karte 2, D 4
In den beiden Renaissance-Kaufmannshäusern wurde die noble Einrichtung des leider zerbombten Schabbelhauses (ehemals Nr. 36) neu zusammengestellt. Heute trifft dort hanseatische Gediegenheit auf mediterranes Flair. Roberto Rossi leitet das Feinschmeckerlokal, in dem es neben Saltimbocca und Perlhuhn auf Polenta auch Seeteufel und Lammrücken gibt (Gerichte 14–28 €). Für den schmaleren Geldbeutel bietet der Mittagstisch (9,90–12,90 €) eine gute Gelegenheit zu einem Blick in das beeindruckende Ambiente.
Mengstr. 48–50, T 0451 720 11, www.schabbelhaus.de, Bus: Beckergrube, Mo–Fr 12–14.30, 18–21.30, Sa ab 18 Uhr

Alle 14 Tage neue Kreationen

Wullenwever Karte 2, D 4
In dem über 400 Jahre alten Kaufmannshaus bietet Sternekoch Roy Petermann äußerst feine, saisonale Küche an. Sein Geheimnis liegt in einem gekonnten Mix aus heimischen, mediterranen und maritimen Geschmacksrichtungen. Selbstverständlich werden auch vegetarische Gerichte und Menüs (20 €/Gang) angeboten. Selbst an nicht so warmen Tagen ermöglicht das schützende Segeltuch über dem begrünten Innenhof ein Essen unter (fast) freiem Himmel. Ein stilvolles Ambiente für besondere Anlässe und puren Genuss bietet das schöne alte Patrizierhaus.
Beckergrube 71, T 0451 70 43 33, www.wullenwever.de, Bus: Beckergrube, Di–Sa ab 19 Uhr, Gerichte ab 16 €, Menüs ab 75 €

Tradition mit frischem Wind

Lübecker Hanse Karte 2, D 5
Das historische Gebäude mit den beeindruckenden Holzbalkendecken ist ausgestattet mit typisch hanseatischem Interieur, das nach dem Pächterwechsel aufgefrischt wurde. Auf der saisonal wechselnden Karte stehen regionale Speisen, wie Ochsenbäckchen, Königsberger Klopse oder Scholle nach Finkenwerder Art. Bekannt und beliebt ist die Lübecker Rote Grütze. Bei Tee und Kaffee wird auf fairen Handel geachtet.
Kolk 3–7, T 0451 30 40 65 11, Bus: Holstenplatz, Mi/Do 17–21, Fr/Sa bis 22 Uhr, Gerichte 14–25 €

Gasthauskultur

Stadtschänke Karte 2, D 4
In dem kleinen historischen Dielenhaus mit bemalter Balkendecke werden ordentliche Portionen norddeutscher

Gerichte serviert (10–14 €), etwa Riesenschnitzelvarianten oder leckeres Zanderfilet. Dank der liebenswürdigen Wirtin fühlt man sich bald wie in der eigenen Stammkneipe, mit besonders ansprechendem Ambiente. Ein frisch gezapftes Bier oder einen Kaffee am runden Tresen oder im hübschen Hinterhof genießt man noch bis spät in die Nacht.

Mengstr. 23, T 0451 79 07 14 63, Bus: Beckergrube, Mo–Fr ab 17, Sa ab 12 Uhr

Die deutsch-orientalisch-mediterrane Mischung macht's

Schlumacher's Karte 2, E 5

In diesem Alt-Lübecker Haus aus dem 16. Jh. herrscht eine wunderbare Atmosphäre. Neben Pasta, Flammkuchen und stets saisonalen Gerichten gibt es täglich zwei Angebote mit Produkten regionaler Erzeuger. Eine Besonderheit ist das Überraschungsmenü wahlweise mit drei bis sechs Gängen (36–72 €). Im Sommer schmeckt das Essen noch mal so gut im hübschen, etwas verschlungenen Hinterhof. Das Personal ist stets gut gelaunt und freundlich.

Schlumacherstr. 4, T 0451 707 55 66, www.schlumachers.de, tgl. außer Di 17–22, Sa/So ab 13 Uhr, Gerichte 8,80–21 €

A
AHA!

Sehr interessant ist die Herkunft der **Straßennamen.** So kommt der Name Schlumacherstraße von den Salunenmachern. Das waren Handwerker, die ein grobes Gewebe in wollene Decken verarbeiteten. Dieses geht auf die französische Stadt Chalons-sur-Marne zurück, aus der es ursprünglich stammt. In der Wahmstraße waren die Fuhrleute (niederdeutsch Wageman) zu Hause. Die hieß im 13./14. Jh. Waghemanstrate, was sich bis ins 19. Jh. in die heutige, noch gültige Schreibweise wandelte.

Man sieht sich

Alte Mühle Karte 2, D 6

Im Gebäude der alten Roggenmühle sitzt man gemütlich in einem rustikal, angenehmen Ambiente oder draußen, direkt am Mühlenteich. Die Spezialität des Hauses sind Flammkuchen in allen Variationen. Ein weiterer Schwerpunkt sind offene Weine in großer Zahl.

Mühlendamm 24, T 0451 707 25 92, www.altemuehle-luebeck.com, Bus: Stadthalle, tgl. ab 16 Uhr, So geschl., Gerichte ab 14 €

EXPERIMENTIERFREUDIG UND UNGEWÖHNLICH

Suppe satt

Löffelbar Karte 2, E 5

Das kleine Restaurant eignet sich ganz wunderbar für eine kurze, gute Mittagsmahlzeit. Es werden täglich vier verschiedene Suppen und Eintöpfe angeboten (ab 3,90 €), die es auch als halbe Portionen und zum Mitnehmen gibt. Immer im Programm stehen auch vegetarische, vegane, laktose- oder glutenfreie Gerichte. Die Suppen sind sehr sättigend, sodass man kaum noch Platz für die leckeren Milchreis-Nachspeisen hat.

Hüxstr. 49, T 0451 79 07 27 17, Bus: Fleischhauerstraße, Mo–Sa 11.30–16.30 Uhr

Ungewöhnliche Menü-Variationen

Das kleine Restaurant

Karte 2, D 3

Die heimelige Stube in dem schmalen Backstein-Dielenhaus führt die Tradition eines Gasthauses mit Unterbrechung schon seit 300 Jahren fort. Der Familienbetrieb bietet regionale Spezialitäten mit einem Hauch Italien an (15–23 €). Etwas Besonderes sind die Menüs (für 2 Pers. 76 €), das 10-Gänge-Überraschungsmenü (77 €/Pers.) und das dreigängige Candlelight-Dinner (2 Pers. 69 €). Die letzten beiden Menüs müssen vorbestellt werden.

An der Untertrave 39, T 0451 70 59 59, www.daskleinerestaurantluebeck.de, Bus: Große Burgstraße, Di–Sa 17–23 Uhr

BIERBRAUER – EIN EINZIGER BLIEB ÜBRIG

Lübeck blickt auf eine lange Bierbrauertradition zurück. Vom frühen Mittelalter bis ins 16. Jh. stieg es zusammen mit Hamburg und Wismar zu den bedeutendsten Braustädten der Zeit auf. Lübeck erzeugte damals jährlich fast 300 000 hl, München nur etwa 5000 hl! Nur eine Seestadt konnte die benötigten Mengen an Gerste über das Wasser antransportieren, denn pro Liter Bier wurde etwa 1 kg Malz benötigt. Außerdem verfügte Lübeck schon im 13. Jh. über genügend Wasser. Es wurde bei fehlendem Gefälle mithilfe eines Hebewerks, der ›Wasserkunst‹, in die Leitungen gepumpt. Das Braurecht war ans Haus gebunden, sodass die Standorte der Brauhäuser über Jahrhunderte feststanden. Es bedurfte nicht nur der Genehmigung der Stadt, sondern auch der Nachbarn, um ein neues zu eröffnen. Alte Brauhäuser stehen noch in der Wahm- und der Hüxstraße, an der Engelsgrube und der Engelswisch. Auch die Häuser in der Beckergrube (Nr. 67–71), wie das Restaurant **Wullenwever** (► S. 95), gehörten im 16. Jh. zur Meile der Exportbierbrauer. Trotz des Zusammenschlusses der Brauereien schlossen die letzten 1988. Im darauffolgenden Jahr begann man im **Brauberger** (► S. 105) mit der Herstellung des speziellen Zwickelbiers, das nach mittelalterlichem Rezept gebraut und direkt nach dem Gärprozess ausgeschenkt wird.

Sushiparadies
Mijori C 5

Das kleine Lokal ist unter Kennern der absolute Favorit. Die einfach köstlichen Sushis gibt es traditionell mit rohem und knusprig gebratenem Fisch oder rein vegetarisch. Der Koch bereitet alle Gerichte direkt vor den Augen der Gäste frisch zu, daher ist ›Slow Food‹ angesagt. Zur Einstimmung gibt es u. a. Lycheesaftschorle, Jasmin- oder Ingwertee. Alle Gerichte können auf Vorbestellung auch mitgenommen werden.

Moislinger Allee 2b, T 0451 79 16 27, www.sushi-bar-mijori.de, Bus: ZOB/Hauptbahnhof, Di–So 12–14.30, 18–22.30 Uhr

Snacks zum Lunch
La Cucina Karte 2, E 3

Katja Hagen hat sich den Traum von den eigenen vier Wänden für ihre Kochkurse und Workshops (Termine s. Internetseite) erfüllt. Dort bietet sie einen Mittagstisch an, von Lunch Bowls über Quiches bis zum Antipasti-Teller (ab 5,80 €). Am Samstag und Sonntag (10–14.30 Uhr) gibt es ein umfangreiches Brunch-Buffet (19,50 €/Pers.). Am Nachmittag locken die handgemachten Kuchen und Törtchen in das gemütliche Lokal.

Große Burgstr. 40, T 0451 70 79 37 03, www.la-cucina.biz, Bus: Große Burgstraße, Mo, Fr 9–15, Sa/So ab 10 Uhr, Di–Do geschl.

Alternatives trifft Kunsthandwerk

Die Einkaufszonen auf der Altstadtinsel können fußläufig und bequem durchstöbert werden. Die Bandbreite auf so kleinem Raum ist beeindruckend: Neben dem weltbekannten Marzipan und dem Rotspon (► S. 29) gibt es eine große Kunsthandwerkertradition: Goldschmiede, Weber, Glasschleifer, Gürtel- und Uhrenmacher sowie Buchdrucker und -binder sind auch über die Grenzen Schleswig-Holsteins hinaus bekannt.

Herausragend, was Abwechslungsreichtum und Gemütlichkeit betrifft, sind die Hüxstraße, die Fleischhauer- und Glockengießerstraße (🕮 E 4/5). Neben den Ladengeschäften findet sich dort eine große Auswahl an Restaurants und Cafés für einen angenehmen Zwischenstopp. Auf der Vorderreihe (🕮 B 3/4) in Travemünde lässt es sich ebenfalls aufs Angenehmste shoppen. Besonderen Schmuck, auch mit maritimen Motiven, bieten **Holzschmuck & more** (Vorderreihe 53) oder **MareSchmuck** in der Kurgarten-Straße 17 an.

Bei Schmuddelwetter kann man sich im **Haerder-Center** (www.haerder-center.de) in der Königstr. 84–94 (🕮 D 5) mit Geschäften über vier Etagen gut aufhalten. Es punktet mit der Tiefgarage und dem direkten Zugang zum Center. Man findet dort die typischen Ketten, jedoch auch Gastronomie auf die Schnelle. Im kostenlosen »Einkaufsführer Lübeck« bekommen Sie eine Übersicht, nach Rubriken geordnet.

Genau hinsehen bitte: In der Hüxstraße wartet das Besondere.

ZUM SELBST ENTDECKEN

»Von Individualisten für Individualisten« – mit diesem Slogan wirbt Lübecks schönste Bummelmeile und bringt es auf den Punkt: Die **Hüxstraße** verspricht ein äußerst entspanntes und persönliches Einkaufserlebnis. Das harmonische, lebendige Straßenbild ist ein wichtiger Teil des Wohlfühlambientes. Dazu tragen das alte Kopfsteinpflaster, für dessen Erhalt sich die Anwohner starkgemacht haben, ebenso bei wie die historischen Häuser mit ihren hübschen Fassaden. Das Sortiment der Boutiquen und Lädchen hebt sich angenehm von den austauschbaren Filialen der Handelsketten ab. Samstags zwischen 11 und 18 Uhr wird die Hüxstraße gänzlich zur autofreien Zone.

BÜCHER UND MUSIK

Die besondere Auswahl

maKULaTUR Karte 2, E 5

Die Großbuchstaben bringen es auf den Punkt. Hier erhält man feinste und oft seltene Bücher aus den Sparten Kunst, Architektur, Kunstgeschichte, Fotografie und Design, auch kleine Verlage und skurrile Bücher sind im Sortiment vertreten. Dazu gibt es eine sehr gute und kompetente Beratung der Inhaberinnen und auch mal ein Tässchen Tee.

Hüxstr. 87, T 0451 70 79 971, www.makulatur.com, Bus: Fleichhauerstraße, Mo–Fr 10–19, Sa bis 16 Uhr

Exzellente Fachberatung

Klassik-Kontor Karte 2, D 5

Das Sortiment umfasst (fast) alle gängigen und auch seltene Titel aus den Bereichen Klassik, Jazz, Kabarett, Musik für Kinder und Weltmusik. Daneben findet man ebenso diverse Hörbücher und DVDs. Was im Laden nicht zu finden ist, kann bestellt werden und ist auch in den Heimatort lieferbar. Außerdem werde hier Karten für das Schleswig-Holstein Musik Festival (► S. 108) verkauft.

Königstr. 115, T 0451 70 59 76, Bus: Wahmstraße, Mo–Fr 10–18, Sa bis 15 Uhr

In der Familie seit 1932

Antiquariat Arno Adler

Karte 2, E 5

In der Abteilung schöne Literatur aus fünf Jahrhunderten findet man unter anderem ungewöhnliche Ausgaben der beiden Dichterfürsten Johann Wolfgang von Goethe und Friedrich Schiller, aber auch wertvolle Kinder- und Jugendbücher, fantastische Märchen sowie spannende Mythen und Sagen. Ein weiteres großes Plus ist die große Auswahl an Lübeck- und Schleswig-Holstein-Literatur, die einem die Möglichkeit gibt, mehr in diese Gegend Deutschlands einzutauchen.

Hüxstr. 55, T 0451 7 44 66, www.arno-adler.de, Bus: Fleischhauerstraße, Mo–Fr 10–18, Sa bis 14 Uhr

DELIKATESSEN UND LEBENSMITTEL

Kann denn Sünde süß sein?

Abessa Karte 2, E 4

Die Inhaberin Kerstin Kriese und ihre Mitarbeiter führen mit viel Elan die kleine Kaffeerösterei und Schokoladenmanufaktur. Alle Produkte kommen aus eigener Herstellung, am Vormittag kann man dabei sogar zuschauen. Der Bio-Kaffee enthält durch die Wahl der Bohnen und das schonende Röstverfahren keine Reiz- und Bitterstoffe. In der Manufaktur werden Kurse zur klassischen Herstellung von Pralinen angeboten (69 €/Pers.).

Fleischhauerstr. 54, T 0451 20 93 44 88, www.abessa-wunschschokolade.de, Bus: Fleischhauerstraße, Di–Sa 10–18 Uhr

Feines aus Südeuropa

Bom Dia Karte 2, E 5

Wein, Port, Sherry, Cava (Schaumwein) und unterschiedliche Delikatessen, Olivenöl und Gewürze aus Spanien und Portugal. Ein Probierpaket mit sechs Weinflaschen erleichtert die Qual der Wahl. Die Hingucker im Schaufenster sind die Tajine, die tönernen Schmortöpfe, die ursprünglich in der nordafrikanischen Küche zum Einsatz kommen. Ehe man weiterbummelt, kann man sich mit Tapas und einem Glas Wein stärken.

Hüxstr. 105, T 0451 39 68 96 60, www.bomdia.de, Bus: Krähenstraße, Mo–Fr 10–18.30, Sa bis 16 Uhr

Lose und nachhaltig

Unverpackt Karte 2, E 4

Die Idee ist so einfach, wie notwendig: Beim Einkauf Müll zu vermeiden, überwiegend regional-saisonale bzw. fair gehandelte Produkte anzubieten und damit weniger Lebensmittel zu verschwenden. Sie finden hier ausschließlich lose Waren. Von Teigwaren über Hülsenfrüchte, Nüsse, Obst und Gemüse bis zu Öl und Essig können auch kleinste Mengen in mitgebrachten Behältnissen abgewogen werden. Daneben gibt es Hygiene- und Putzmittel.

Fleischhauerstr. 38, T 0451 37 04 59 19,

Vielfalt in ausgesucht schöner Umgebung: Kunsthaus Lübeck

unverpackt-luebeck.de, Bus: Fleischhauerstraße, Mo–Fr 10–19, Sa bis 16 Uhr

Bonbon-Manufaktur
Bolchen Karte 2, E 4
Beim Blick in das Schaufenster glitzert es in allen Farben und lassen das Süßigkeitenherz höher hüpfen. Fast könnte man sich einreden, die verführerischen Kügelchen wären gesund: Die handgemachten Bonbons werden nämlich aus natürlichen Zutaten gefertigt. Da gibt es etwa Bonbons aus Buttermilch, Erdbeer-Sahne, Orangen-Creme oder auch Rhabarber. Man kann bei der Herstellung der kleinen Bonbonkissen und -röllchen oder der Lollis zuschauen. Als witziges Souvenir eignen sich besonders die Bonbons mit Holstentor-Silhouette – wie könnte es auch anders sein.
Fleischhauerstr. 38, T 0170 735 97 09, https://bolchen-luebeck.de, Bus: Fleischhauerstraße, Di–Fr 11–18, Sa bis 16 Uhr

Günter Grass lässt grüßen
Wein-Castell Kurt Thater
Karte 2, E 4
Gute Beratung wird hier großgeschrieben. Im Angebot stehen 250 verschiedene Sorten, u. a. trockene Weine aus Deutschland und Südeuropa. Seit 2002 bekommt man hier außerdem exklusiv die Günter-Grass-Edition. Der Künstler gestaltete für exklusive Weine aus verschiedenen Jahrgängen die Etiketten, die u. a. die Motive Butt, Schnecke, Hahn, Frosch, Ratte und Katze zieren – ein tolles Souvenir.
Glockengießerstr. 19, T 0451 79 36 79, Bus: Koberg, Di–Fr 12–19, Sa 11–14 Uhr

WOCHENMÄRKTE

Rathausmarkt Karte 2, D 4
Jeden Montag und Donnerstag findet zwischen 10.30 und 19 Uhr der Wochenmarkt vor historischer Kulisse statt.

Vorderreihe Karte 3, B 4
Im Wochenmarkt an der Vorderreihe in Travemünde, direkt am Wasser, stehen das Maritime und der frische Fisch im Vordergrund, Mo, Do 8–14, im Winter bis 13 Uhr.

GESCHENKE, DESIGN, KURIOSES

Glasdesign vom Feinsten

ARTEmani Karte 2, E 4

Birgit Rotter verkauft Produkte besonderer Manufakturen und Ateliers, wie Keramik, Schmuck und Handgewebtes. Das Highlight sind natürlich die berühmten, farbigen Rottergläser. Sie kommen aus der Werkstatt Rotter, die schon in dritter Generation geführt wird (Elisenstr. 2, Mo–Fr 10–18 Uhr). Zeitlos schön sind die Gläser, Schalen und Vasen mit geometrischen Mustern, extravagant die Drachen- oder Phönix-Schalen. Anschauen lohnt sich auf jeden Fall.

Fleischhauerstr. 34, T 0451 479 24 41, www.artemani.de, Bus: Fleischhauerstraße, Mo–Fr 10–18, Sa 11–16 Uhr

Maßgenommen

Mohrmann Gürtel-Manufaktur

Karte 2, E 4

In dem Spezialgeschäft von Martin Mohrmann für handgefertigte Gürtel hat man die Wahl u. a. zwischen Kalbs- und Rindsleder sowie Stachelrochen- oder Haifischhaut. Dazu hält der Designer ein großes Sortiment ungewöhnlichster Schließen bereit, die aus der eigenen Gießerei stammen oder aus Italien. Und er zeigt Ihnen, wie die richtige Bundweite ermittelt wird!

Fleischhauerstr. 52, T 0451 396 98 22, www.feineguertel.de, Bus: Fleischhauerstraße, Mi–Fr 10–18, Sa bis 16 Uhr

Kompetenz und Freundlichkeit

Galerie Ansichtssache Karte 2, E 5

Die Spezialität der Galerie sind Rahmungen aller Art von minimal bis monumental und Rahmenvergoldungen. Das Sortiment an Blattware reicht von einfachen Postern zu Radierungen und Originalen namhafter Künstler. Für jeden erschwinglich sind die ungewöhnlichen, witzigen oder einfach nur schönen Kunst-Karten. Eine reiche Auswahl, um Freunde und Verwandte zu überraschen.

Hüxstr. 24, T 0451 707 08 67, www.galerie-ansichtssache.de, Bus: Fleischhauerstraße, Mo 13.30–18, Di–Fr 10–18, Sa 10–17 Uhr

Man geht niemals so ganz

Lübeck-Laden Karte 2, D 4

In dem kleinen Laden in den Arkaden unter dem Langen Haus findet man viele geschmackvolle und interessante Andenken rund um Lübeck: Tassen und Puzzles, das Holstentor in unzähligen Variationen und ausgesuchte Bücher, von Romanen bis zu speziellen Themen, etwa den Lübecker Gängen.

Breite Str. 62, T 0451 308 02 47, www.luebeck-laden.de, Bus: Schüsselbuden, Mo–Fr 10–18.30, Sa bis 18 Uhr

Originalgrafiken in wunderbarem Ambiente

Kunsthaus Lübeck Karte 2, E 4

Schon der Blick in die Räume des schönen alten Gebäudes lohnt sich. Kein Quadratzentimeter im ganzen Haus, an dem nicht Bilder hängen, stehen oder angelehnt sind. Der Schwerpunkt des Kunsthauses liegt im Angebot von Originalgrafiken der klassischen Moderne und zeitgenössischen Künstlern. Es vertreibt u. a. die bildkünstlerischen Werke von Armin Mueller-Stahl und eine Skulpturen-Edition von Günter Grass.

Königstr. 20, T 0451 757 00, www.kunsthaus-luebeck.de, Bus: Koberg, Di–Fr 11–17, Sa 11–14 Uhr

Kunst und Kitsch

Retrohouse Karte 2, D 4

Andy Czapura sammelt und verkauft aus Leidenschaft. Viele der Originalstücke aus den 50er- bis 70er-Jahren wirken vertraut wie alte, vergessene Bekannte. Oft hört man den Satz »Das hatten wir auch mal.« Beim Anblick von Möbeln, Lampen, Gläsern und anderen Objekten schwelgt man in Erinnerungen. Daneben auch Originale aus den 20ern und 30ern von berühmten Designern.

Beckergrube 55 (im Hof), T 0151 20 17 20 16, https://retrohouse_luebeck.houzz.de, Bus: Breite Straße/Stadttheater, Sa 11–16 Uhr und n. V.

Die 60er Jahre lassen grüßen

Galerie für eine Nacht

Karte 2, E 4

Die Malerin und Bildrestauratorin Gabi Bannow hat den ehemaligen Tante

Emma-Laden ihrer Großeltern zur Galerie und zum kleinen Café umgewidmet. Die alte Ladentheke ist erhalten geblieben und verleiht dem Raum seinen ganz eigenen Charme. Man sitzt auf 60er-Jahre-Stühlen und kann bei handgebrühtem Filterkaffee und hausgemachten Kuchen die Bilder auf sich wirken lassen. Das nette Ambiente bietet Raum für Ausstellungen, Lesungen und Musik, ausgesuchte Möbel und Accessoires sind zu kaufen.

Tünkenhagen 32, www.galerie-fuer-eine-nacht.de, Bus: Katharineum, Do/Fr 15–18, Sa 11–17 Uhr

MODE UND ACCESSOIRES

Ganz Lübeck am Finger

Das kleine Kra Karte 2, E 4

Die Goldschmiede für Design, Schmuck und Uhren präsentiert Stücke aus eigener Werkstatt oder von namhaften Manufakturen. Als ein besonderes Souvenir hält es den Lübeck-Ring »Backsteingotik in Silber« bereit. Darauf sind das Holstentor, das Buddenbrookhaus, das Burgtor, die Marienkirche, die Schiffergesellschaft, das Kanzleigebäude und das Rathaus dargestellt.

Königstr. 67a, T 0451 724 32, www.daskleinekra.de, Bus: Fleischhauerstraße, Mo–Fr 10–19, Sa bis 18 Uhr

ZEITLOS

Seit 1978 ist **Klokkenmaker Schmidt** (Karte 2, E 5) eine Institution. Norbert Schmidt hat sich auf die Restaurierung alter Uhren spezialisiert, wobei kleinste Zahnräder, Federwerke, Ziffernblätter, Zeiger oder Pendel repariert oder in der eigenen Werkstatt nachgemacht und ersetzt werden. Mit seiner Hilfe läuft einem die Zeit gewiss nicht mehr davon.

Hüxstr. 121, T 0451 702 04 11, www.klokkenmaker.de, Mo–Fr 10–13 und 15–18 Uhr

Unikate mit edlen Steinen

Goldschmiede Yvonne Sterly

Karte 2, D 5

Yvonne Sterly fertigt individuellen Schmuck nach Wunsch an oder gestaltet alte Schmuckstücke um. Hier bekommt man eines der ungewöhnlichsten und dazu praktischsten Souvenirs von Lübeck: das Holstentor – aus feinem Draht gebogen und als Büroklammer, Lesezeichen oder Kette zu verwenden (8 €/20 Stück).

An der Obertrave 13, T 0451 707 14 41, https://goldschmiede-sterly.de, Bus: Holstentorplatz, Mi–Fr 9–18, Sa 10–16 Uhr

Schmuck von der See

MareSchmuck Karte 3, B 4

In dem 300 Jahre alten Fachwerkhaus kommen die Schmuckstücke der Designerin Andrea Böbs besonders gut zur Geltung. Ihre ausgefallenen Stücke zieren Meerestiere aller Art sowie Anker und Möwen. Besonders hübsch sind die Ketten aus Beachglas und geschliffenen Kieseln, wie auch der Travemünde-Ring mit Sehenswürdigkeiten der Stadt.

Kurgartenstr. 17, Travemünde, T 04502 21 49, www.mareschmuck.de, Mo–Fr 11–13 und 14–18, Sa 11–14 Uhr

Tante Emma weiß Rat

Drogerie August Grabner

Karte 2, E 4

Der Besuch in der Drogerie ist ein Muss. Auf nur 50 m² wollen rund 7 000 praktische, nützliche und manch kuriose Artikel für den Haushalt entdeckt werden, auch in kleinen Mengen. Die Inhaberinnen Simone Jäger und Katja Paustian haben für fast jedes Haushaltsproblem eine Lösung parat. Probieren Sie es aus!

Pfaffenstr. 11, T 0451 779 25, www.drogeriegrabner.de, Bus: Koberg, Mo, Do, Fr 9.30–18, Di/Mi bis 15, Sa bis 14 Uhr

Schatzkiste für kreative Näher

Nadel und Faden Karte 2, E 5

Alles Erdenkliche für Handarbeitsfans: Neben Stoffen, Stickgarn, Knöpfen, Schnittmustern, Litzen und noch viel mehr gibt es – wie der Name schon

sagt – alles weitere Notwendige für das Nähhandwerk. Eine nette und kompetente Beratung ist inbegriffen.
Hüxstr. 59, T 0451 755 16, Bus: Fleischhauerstraße, Mo–Fr 10–18, Sa 11–16 Uhr

Erfahrung ohne Ende
Schirme M. C. Wölffer Karte 2, D 4
Man geht fast vorbei an dem kleinen Schaufenster, bis man auf das Schild »seit 1792« aufmerksam wird. Die teils recht ausgefallenen Schirme sehen äußerst stabil und vertrauenserweckend aus und machen – fast! – Lust auf Regen. Man erkennt, welch lange Erfahrung in den Produkten steckt, auch die zahlreichen Spazierstöcke, von denen eine Auswahl im Fenster zu bewundern ist. Auch werden hier alte Schirme repariert. Der nächste Regen darf loströpfeln!
Fleischhauerstr. 2, T 0451 778 77, Bus: Fleischhauerstraße, Mo–Fr 10–18, Sa bis 16 Uhr

KUNSTHANDWERKERMÄRKTE

Die Kunsthandwerkermärkte in historischen Gebäuden sind etwas ganz Besonderes:

›Lüb'sche Wiehnacht‹ Karte 2, D 3
im Schuppen 6 an der Untertrave/Ecke Drehbrücke, an zwei Wochenenden Ende Nov./Anfang Dez. 10–18 Uhr, Eintritt 2 €

Lübecker Handwerkermarkt
Karte 2, D 5
in der St.-Petri-Kirche, vier Wochen ab Ende Nov. tgl. 10–19 Uhr, Eintritt 3 €

Lübecker Handwerker-Weihnachtsmarkt Karte 2, E 3
im Heiligen-Geist-Hospital, letztes Wochenende im Nov. bis 1. Woche im Dez. tgl. 10–19 Uhr, Eintritt 3 €

Die Rottergläser bei ARTEmani sind Glaskunst auf höchstem Niveau.

Vielversprechend, vielfältig, live

Lübecks Kultur- und Kneipenszene muss sich nicht verstecken. Klarer Vorteil ist, dass man ohne Parkplatzprobleme an einem Abend bequem zu Fuß die Veranstaltungsorte und Lokale abklappern kann. Es hat sich eine engagierte Kleinkunst in alternativen Theatern etabliert, die von Experimentaltheater und Künstlerwettbewerben über alternative Zauberkünstler bis zum Spiel mit Marionetten über und unter Wasser reicht.

Die beliebteste Kneipe zum ›Vorglühen‹ etwa ist das **Brauberger,** das **Ohana** eignet sich für einen frühen Cocktail, und **Im Alten Zolln** sitzt man bis tief in die Nacht bei einem Bierchen auf dem Platz vor der Kneipe. Im Winter wird dort regelmäßig Livemusik geboten.

Die »Musikstadt Lübeck«, die mit ihrer Orgelmusik schon die Menschen des 17. Jh. begeisterte, macht ihrem Beinamen auch heutzutage alle Ehre. In der **MuK** (Musik- und Kongresshalle, www.muk.de) treten Künstler von Rang und Namen auf, u. a. die Lübecker Philharmoniker. Von der **Musikschule** (www.luebecker-musikschule.de) werden immer wieder kostenlose Konzerte ausgerichtet. Die Schule veranstaltet alljährlich (April/Mai) das **Brahms-Festival,** das acht Tage lang Konzerte an verschiedenen Auftrittsorten spielt. In Lokalen wie **Jazz-Café, Tonfink, Finnegan** oder **TreibsAND** hören Sie Livemusik zu angekündigten Terminen.

Was geht am Abend?

ZUM SELBST ENTDECKEN

Alle Veranstaltungen werden in den Magazinen **»ultimo«** und **»Szene«** aufgelistet. Sie liegen kostenlos in vielen Lokalen und in der Tourist-Information aus und haben einen Online-Auftritt (www.ultimo-luebeck.de, www.szeneluebeck.de).
Das reine Online-Magazin **»unser Lübeck«** (www.unser-luebeck.de, ► S. 110) bietet neben dem Veranstaltungskalender viel Hintergrundinformation und Neuigkeiten rund um Lübeck. Auch hier stechen Hüx- und Glockengießerstraße durch eine besondere Dichte an Kneipen und kleinen Theatern heraus.

BARS UND KNEIPEN

Institution

Im Alten Zolln Karte 2, E 6

Die traditionelle Bierkneipe ist recht urig, auch draußen sitzt man gemütlich. Angeboten werden sechs Sorten Fassbier, u. a. das Kräusen, ein naturtrübes, spritziges Bier. Die Essen macht es zwar nicht zum Genießerlokal, aber für den kleinen Hunger ist es prima. Im Winter gibt es feste Termine für Livekonzerte, Lesungen etc., im Sommer werden eher spontane Sessions veranstaltet.

Mühlenstr. 93–95, T 0451 723 95, https://zolln.de, Bus: Fegefeuer, Mo, Do–Sa ab 11, Di/Mi ab 17 Uhr

Früher Cocktail

Ohana Karte 2, E 5

In dem Mix aus Restaurant, Café, Cocktailbar und Lounge gibt es mehrere Cocktail-Happy-Hours (17–20 Uhr, 4,90 €/8,50 €, 19–21 Uhr Longdrinks für 5,50 €). Es werden u. a. auch Riesen-Burger und Gemüsesticks angeboten. Do–Sa DJ-Musik oder Livebands.

Hüxstr. 58, T 0451 409 84 68, www.ohana-lounge.de, Bus: Fleischhauerstraße, tgl. ab 12 Uhr

Offen, bis der Hahn kräht

Rauchfang Karte 2, E 5

Die kleine, schnörkellose Szenekneipe ist beliebt für den letzten Absacker, bis zum Morgengrauen. Die Wirtin hat alles fest im Griff und nimmt auch noch den letzten Gast stets freundlich auf.

Hüxstr. 123, T 0451 724 14, Bus: Krähenstraße, Di–Sa ab 21 Uhr

Tatort ist Kult

Sternschnuppe Karte 2, E 5

Der Sonntagabend hat Kultstatus: Erst gibt es die Bundesliga, dann wird Tatort geschaut (unbedingt vorher reservieren). Beim heiteren Mörderraten kann man sogar etwas gewinnen! Dazu liefert Pizzeria Mamma Mia um die Ecke die Pizzen direkt ins Lokal. Danach lockert ein Spielchen am Kickertisch die Beine wieder auf. Beim Rein- oder Rausgehen sollte man unbedingt einen Blick auf die Säulen rechts und links des Eingangs werfen. Die Kapitelle schmücken zwei Köpfe, mit einem lachenden und einem missmutigen Gesicht. Keine Frage, mit welchem Gesichtsausdruck man den Nachhauseweg antritt …

Fleischhauerstr. 78, T 0451 759 60, Bus: Krähenstraße, 19–0 Uhr

Die Qual der Farben-Wahl

Zum Vorglühen

Brauberger Karte 2, D 4

Die Atmosphäre in einem der ältesten Kellergewölbe Lübecks aus dem Jahr 1225 ist einmalig. In dem alten Dielenhaus mit Brautradition steht der Braukessel als uriger Blickfang mitten im Gastraum. Gebraut wird das naturbelassene Zwickelbier, das so ähnlich schon im Mittelalter getrunken wurde. Am Donnerstag ist Schnitzel-Tag, jedes Schnitzel kostet 9,90 €, freitags und samstags bekommt man das Bier zur Happy Hour günstiger.

Alfstr. 36, T 0451 714 44, www.brauberger.de, Bus: Untertrave, tgl. ab 17 Uhr

Am Tresen s(t)ehen

Altstadt-Bierhaus Karte 2, D 4

Das Bierhaus ist die typische Kneipe von nebenan mit Fernsehübertragungen auf dem Großbildschirm, aber auch Livemusik am Keyboard. Es wird gutbürgerliche Küche geboten, dazu fünf Sorten Bier vom Fass. Man sitzt in einem gemütlich-rustikalen Ambiente, auch am großen Tresen mit ›Kupferdach‹. Dieser wird von vielen als schönster von Lübeck bezeichnet, auf jeden Fall ist er der auffälligste.

Braunstr. 19, T 0451 737 32, www.altstadtbierhaus.com, Bus: Untertrave, ab 17 Uhr, Gerichte 12–19 €

Für Jazzfans

Jazz-Café Karte 2, E 5

Man sitzt drinnen und draußen bei angenehm ruhigem Jazz oder Soul. Die Auswahl an Drinks und Cocktails ist groß, mehrmals am Abend gibt es Happy-Hour-Angebote, wie von 17 bis 20 Uhr Cocktails ab 4,90 €, oder auch Jumbo- oder Caipi-Hour.

Mühlenstr. 62, T 0451 707 37 34, www.jazzcafe-hl.de, Bus: Fegefeuer, Mo–Fr ab 11.30, Sa/So ab 13 Uhr

LIVEMUSIK

Stilecht irisch

Finnegan Karte 2, D 4

Im Pub wird die irische Lebensart kultiviert, da darf auch der legendäre Snackautomat nicht fehlen. Es gibt Guiness, Kilkenny oder den etwas sauren Strongbow Cider vom Fass und verschiedene Whisky-Sorten für Kenner. Wechselnde Musiker aus der Region sorgen für die Gitarren-Livemusik (ab 21 Uhr). Jeden Mittwoch um 21 Uhr gibt es ein Pub-Quiz für Anspruchsvolle.

Mengstr. 42, Di–So ab 19 Uhr, T 0451 711 10, www.finnegan-hl.de, Bus: Beckergrube

Mal was anderes

TreibsAND C 4

Der alternative Musikschuppen gehört zum Verein Alternative e. V. und wird ehrenamtlich betreut. Das erwirtschaftete Geld wird in Renovierungsarbeiten und Neuanschaffungen gesteckt. Hier trifft sich ein junges, bunt gemischtes Publikum. Es finden regelmäßig Livekonzerte statt mit Metal-, Punk-, Indie- und Elektro-Musik, aber auch Klezmer und Folk. Achtung: Sommerpause!

Willy-Brandt-Allee 9, T 0451 706 33 11, www.treibsand.org, Bus: Holstentorplatz

> **N NETT**
>
> Um die 20 Restaurants und Cafés in Lübeck und Travemünde stellen ihre **Toiletten** nicht nur Gästen kostenfrei zur Verfügung, sie sind erkennbar an einem Aufkleber mit Smiley-Gesicht auf rotem Grund.
>
> Der Flyer mit den Standorten liegt im Touristbüro aus, im Internet: https://www.luebeck-tourismus.de/service/nette-toilette.html

Kulturcafé & Bar

Tonfink Karte 2, E 3

Nette, kleine Café-Bar für den nachmittäglichen Fair-Trade-Kaffee mit hausgemachten Kuchen, das Feierabendbier und verschiedenste Veranstaltungen (ab 20 Uhr), die mehrmals wöchentlich stattfinden. Livemusik wechselt sich mit Lesungen und Ausstellungen ab. Der Eintritt ist frei, es wird jedoch ein »Spenden-Mops« für die Künstler herumgereicht.

Große Burgstr. 46, T 0451 54 69 00 36, www.tonfink.de, Küche Mo–Sa ab 14 Uhr

FÜR KINDER UND ERWACHSENE

Einzigartig!

Lübecker Wasser Marionetten Theater Karte 2, E 5

Das Unterwassertheater Lübeck ist das einzige seiner Art in Europa mit einer eigenen Theaterform. In 10- bis 3000-Liter-Aquarien tummeln sich spezielle Unterwassermarionetten, tanzende Krabben, eine greise Schiffsratte, Schafe und viele andere Akteure, die bezaubernde Geschichten erzählen. Die kreativen Köpfe dahinter sind Anna und Wolf Malten, der auch die Musik für die Inszenierungen schreibt.

Wasserkunst e. V., Kanalstr. 108, T 0177 477 51 40, www.wassertheater.de, Bus: Krähenstraße, 8–25 € je nach Veranstaltung

Gekonnte Tricks

Zaubertheater Lübeck
Karte 2, D 4

Der »Nordzauberer« Roland Henning betreibt sein Metier seit zehn Jahren professionell und hat nun endlich eine eigene Bühne. Er begeistert mit einer eigenwilligen und höchst amüsanten In-

Spontan, live und draußen: Sommer Im Alten Zolln

terpretation klassischer Zauberkunststücke. In dem nur 20 Personen fassenden Raum werden die Zuschauer immer aktiv in die Show mit einbezogen.

Beckergrube 87, T 0451 98 98 87 40, www.zaubertheater-luebeck.de, Bus: Beckergrube, unterschiedliche Termine zw. 16 u. 20 Uhr, ab 18 €, 90 Min. 29 €

Nicht nur ›Puppen‹

Figurentheater Lübeck Karte 2, D 5

Mit Marionetten, Tischtheater-, Stock- und Stabfiguren, Handpuppen, Masken und Schattenspielen erleben Sie alle Raffinessen des Figurentheaters.

Das Gebäude Im Kolk 20–22 wird z. Z. saniert, Infos über Vorstellungen im Theaterfiguren-Mobil auf dem Kirchplatz vor St. Petri, www.figurentheater-luebeck.de, Bus: Holstentorplatz

PRIVATINITIATIVEN

Absurd, komisch, tragisch

Theater Combinale Karte 2, E 5

Man sitzt bei freier Platzwahl im kleinen Theaterraum, der über den schönen Hinterhof erreicht wird. Das freie Theater arbeitet seit 1981 in Lübeck und zeigt meistenteils selbst geschriebene Stücke, in denen maximal sechs Schauspieler agieren. Die engagiert aufgeführten Stücke handeln vom Leben an sich und dem »ganz normalen Wahnsinn« – wie im richtigen Leben also.

Hüxstr. 115, T 0451 788 17, https://combinale.de, Bus: Krähenstraße, ab 15 €

Engagiert

Theater Partout Karte 2, E 4

Das Privattheater bietet anspruchs- und niveauvolle Unterhaltung, ausgefallene und originelle Inszenierungen und das unmittelbare Kammerspielerlebnis. Es werden vor allem Komödien und Krimis gespielt. Vom Foyer mit gut sortiertem Getränkeausschank geht es in den idyllischen Innenhof.

Königstr. 17, T 0451 700 04, www.theater-partout.de, Bus: Koberg, 22,50 €

LÜBECKER THEATERNACHT

Mit Beginn der neuen Spielzeit laden die Theater und Spielstätten zur Lübecker Theaternacht ein. Die Besucher können sich bis Mitternacht Kostproben in vielen Spielstätten ansehen. Das Programm kann unter **www.theaternacht-luebeck.de** eingesehen werden.

SCHLESWIG-HOLSTEIN MUSIK FESTIVAL

Am 2. Juli 1986 wurde mit dem Leonard-Bernstein-Konzert in der Kieler Ostseehalle das Schleswig-Holstein Musik Festival (SHMF) aus der Taufe gehoben. Seitdem spielt jedes Jahr im Juli und August in Schlössern, Herrenhäusern, Scheunen, Werften, alten Industriehallen und Kirchen Schleswig-Holsteins die Musik: von Klassik bis Jazz. Es locken große Namen unter den Musikern, Dirigenten und Komponisten. Das außergewöhnliche Ambiente macht die nicht immer ideale Akustik wett.

Mit einem Schwerpunkt unterstützt das Festival jedes Jahr ein bestimmtes Land, sowohl finanziell als auch ideell. Dem Publikum werden so verschiedene Musiknationen in all ihren Facetten präsentiert. Komponisten der jeweiligen Nation stehen ebenso im Mittelpunkt wie ein spezifischer Musikstil und eventuell ungewohnt klingende Instrumente.

Konzertkarten erhalten Sie über die Kartenzentrale der Stiftung Schleswig-Holstein Musik Festival, Einsiedelstr. 6, 23554 Lübeck, T 0431 23 70 70, www.shmf.de) oder in Lübeck (T 0451 389 57 19). Dort erfahren Sie auch, wo und wann die öffentlichen Proben stattfinden, die immer begehrter werden.

Lustig, ernst, besinnlich
Volkstheater Tommy Geisler

Karte 2, E 4

Die Schauspielerinnen Heidi Kabel und Ilse Werner eröffneten mit Tommy Geisler 2002 das Lübecker Volkstheater. Auf die Bühne kommen Eigenproduktionen, Lustspiele und Volksstücke, sowie Gastspiele mit fernsehbekannten Schauspielern. Jeden 1. So im Monat Kino-Café ab 15 Uhr (Tickets 7 €) mit Filmklassikern – Kaffee und Kuchen gibt's in der Pause gratis dazu.

Dr.-Julius-Leber-Str. 25, T 0451 707 82 81, www.volkstheater-geisler.de, Bus: Fleischhauerstraße, Tickets ab 22 €

UNGEWÖHNLICHE SPIELORTE

Spiel auf dem Wasser

Theaterschiff Lübeck Karte 2, C 4
Das Binnenschiff ›MS Marie‹ wurde zum Theaterschiff umgebaut. Im ehemaligen Lagerraum ist ein Theatersaal mit 176 Sitzplätzen entstanden. Auf Lübecks erster und einziger schwimmenden Bühne werden überwiegend Komödien und Boulevardstücke gespielt.

Willy-Brandt-Allee 10k, im Holstenhafen an der MuK, T 0451 203 83 85, www.theaterschiff luebeck.de, Bus: Holstentorplatz, Gastronomie vorhanden, 26–29 €

Ein Abend voller Überraschungen

Krimidinner Karte 3, C 2
Während des Krimidinners mit mehrgängigem Menü werden Sie hautnah in die Handlung eines verzwickten Falles aus der Zeit der 1960er-Jahre einbezogen und können beim Ermitteln des Mörders mitwirken. Das Ganze findet im historischen Ballsaal des Atlantic Grand Hotels Travemünde statt.

Kaiserallee 2, T 04502 30 85 62, mehrmals im Jahr, samstags 19 Uhr, ab 85 €

TANZEN

Angesagt

Riders Café außerhalb A 2
Hier findet man eine Clubkultur; die generationsübergreifend ist. Kai-Uwe Meyer lädt zu Konzerten, Partys und Lesungen. Die unterschiedlichen Künstler, Bands und DJs animieren und inspirieren zum Hören, Nachdenken, Schauen und Tanzen.

Leinweberstr. 4, T 0451 89 81 05, https://riders-cafe.de, meist ab 19/20 Uhr

Kuschelig

Hüx Karte 2, F 5
Das Ü20-Publikum drängelt sich in der winzigen, stets vollen Disco bei Pop- und Rockmusik. In den beiden Räumen wird ausschließlich getanzt, Sitzplätze sind nicht gefragt. Happy-Hour-Angebote gibt es zwischen 22 und 24 Uhr (Longdrinks 4 €, Bier und Sekt 2 €). Man sollte versuchen, vor 1 Uhr im Hüx zu sein, denn danach wird es richtig voll. Im Außenbereich wird aus Sicherheitsgründen glasfrei ausgeschenkt.

Hüxterdamm 14, T 0451 766 33, www.huex.de, Bus: Krähenstraße, Fr/Sa und jeden 1. Do im Monat 17–22 Uhr »Young Night«

Musik ›tanzbar‹

Sounds Karte 2, D 4
Der Club mit zwei Bars und Raucherlounge zieht ein gemischtes, etwas älteres Publikum an (Ü30). Gespielt werden legendäre Discohits, Charts, Rock und House, zwischen 22 und 22.30 Uhr ist der Eintritt frei. Jeden Freitag Livemusik mit lokalen, nationalen und internationalen Bands.

An der Untertrave 81–83, T 0172 540 50 50, www.soundsclub.de, samstags ab 22 Uhr

KINOS

Im **Filmhaus** (Karte 2, E 4 Königstr. 38–40, T 0451 396 84 67, www.cinestar.de, Bus: Fleischhauerstraße, Montag ist Kinotag für 6,50 €, Di/Mi 8,50 €, Do–So 9 €) laufen aktuelle Filme in angenehmem Ambiente. Das Ungewöhnliche sind aber die Poetry-, Music-unplugged- und Short-Film-Slams, bei denen Dichter, Musiker und Filmemacher gegeneinander antreten und sämtliche Facetten ihrer Kunst zeigen können (20 Uhr, 12–15 €, Ankündigung unter www.slamarama.de). Das kommunale Kino **Koki** (Karte 2, D 4, Mengstr. 35, T 0451 122 12 87, www.kinokoki.de, Bus: Beckergrube, 6 €, Sommerpause Ende Juli/Aug.) ist ein echtes Programmkino, das sehenswerte Filme wie europäisches Autorenkino, amerikanische Independents und Filme aus Lateinamerika, Asien und Afrika sowie Dokumentationen und Kurzfilme zeigt.

Hin & weg

ANKUNFT

Der **Hauptbahnhof Lübeck** ist mit den Regionalbahnen aus Kiel (Fahrzeit 70–80 Min.) oder Hamburg (Fahrzeit ca. 40 Min.) nahezu stündlich zu erreichen. Vom Bahnhof bzw. ZOB fahren alle Busse zur Innenstadt und in die anderen Stadtteile, wie auch nach Travemünde. Zu Fuß bis in die Lübecker Altstadt sind es ca. 10 Min.

INFORMATIONEN

Tourist-Information Lübeck
Holstentorplatz 1
23552 Lübeck
T 0451 889 97 00
www.luebeck-tourismus.de
Kernöffnungszeit Mo–Fr 9–18, Sa 10–16, So bis 15, in der Nebensaison bis 17 Uhr, So geschl.

Tourist-Information Travemünde
Strandbahnhof
Bertlingstr. 21
23570 Travemünde
T 0451 889 97 00
www.travemuende-tourismus.de
Kernöffnungszeit Mo–Fr 9.30–18, Sa 10–15, So 11–15, in der Nebensaison bis 17 Uhr, Sa/So geschl.

Lübecker Verkehrsverein e. V.
Breite Str. 6–8
23552 Lübeck
T 0451 764 60
www.verkehrsverein-luebeck.de

LÜBECK IM INTERNET

www.luebeck.de: Das offizielle Portal der Stadt für Bewohner und Touristen enthält viele Informationen rund um den Lübeck-Besuch.
www.ultimo-luebeck.de: Das Stadtmagazin ist prall gefült mit aktuellen Terminen, Kultur- und Kleinanzeigen. Es liegt jeden Monat auch in Heftform kostenlos im Touristbüro und vielen Geschäften aus.
www.unser-luebeck.de: Tipps zu Veranstaltungen, aktuelle Informationen und Berichte aus erster Hand erhalten Sie in diesem Online-Kulturmagazin.

OSTSEECARD TRAVEMÜNDE

Mit der OstseeCard Travemünde können Sie zu einem Pauschalpreis von 1 € pro Pers. und Fahrt innerhalb von Travemünde und an der Lübecker Bucht bis Sierksdorf fahren. Die Karte kostet den örtlichen Kurabgabebetrag. Sie erhalten sie automatisch von Ihrem Vermieter oder Ihrem Touristbüro.
www.ostseecard.de

REISEN MIT HANDICAP

Zahlreiche kleinere Straßen in Lübeck sind noch mit Kopfsteinen gepflastert, sodass es manchmal etwas schwierig ist, darauf zu laufen oder mit Rollstuhl und Gehilfen voranzukommen. Einen barrierefreien Stadtrundgang und weitere Informationen erhalten Sie unter www.behindertenwegweiser-luebeck.de oder www.luebeck-tourismus.de in der Rubrik »Lübeck barrierefrei«. Die Tourist-Information Lübeck (s. o.) hält außerdem einen taktilen Stadtplan der Innenstadt sowie ein Reliefbuch bereit. Auf dem Marktplatz findet sich ein Bronzemodell der Stadt, mit dem Sehbehinderte die Altstadtstrukturen ertasten können. Folgende Lübecker Sehenswürdigkeiten sind barrierefrei zu besichtigen: Museum Behnhaus Drägerhaus, Füchtingshof, Günter Grass-Haus, Heiligen-Geist-Hospital, alle Kirchen, Museum für Natur und Umwelt, Museumskirche St. Katharinen, Museumsquartier St. Annen, Rathaus und Willy-Brandt-Haus.

Sicherheit und Notfälle

Polizei: T 110, 1. Polizeirevier in der Mengstr. 20
Feuerwehr/Rettungsdienst: T 112
Giftnotrufzentrale: Giftinformationszentrum Nord, T 0551 192 40
ADAC-Pannendienst: T 089 20 20 40 00, Kurzwahl mobil 22 22 22
Kreditkarten-Sperr-Notruf: T 116 116, www.sperr-notruf.de
Österreichische Botschaft: T 030 20 28 70, www.bmeia.gv.at
Schweizer Botschaft: T 030 390 40 00, www.eda.admin.ch/berlin

Umweltfreundlich unterwegs

Bahn
Die Bahn nach Travemünde fährt stündlich und legt drei Zwischenstopps ein: Travemünde Skandinavienkai, Travemünde Hafen und Travemünde Strand im schönen Jugendstilbahnhof. Fahrtzeit ca. 25 Min.

Bus
Auch Busse fahren vom ZOB nach Travemünde (Linie 31 und 40), alle 30 Min. Die Fahrtzeit beträgt ca. 45 Min. Tickets kosten dasselbe wie in der Bahn. Das Liniennetz der Region Lübeck ist sehr gut ausgebaut, sodass Sie alle Sehenswürdigkeiten auch gut mit dem Bus erreichen können, www.sv-luebeck.de.

Fähren (Travemünde)
Priwall-Autofähre: T 04502 22 49, www.sv-luebeck.de, 5–22.45 Uhr alle 10–15 Minuten, Auto 4,10 € plus 1,40 €/0,90 € pro Pers., Fahrradmitnahme 0,90 €
Priwall-Personenfähre: Nordermole, März–Okt. 10–18 Uhr, Juli/Aug. 8–20 Uhr, keine Mitnahme von Fahrrädern

Fahrrad
In der Lübecker Altstadt sind die Sehenswürdigkeiten bequem zu Fuß zu erreichen, ein Fahrrad ist da eher hinderlich. Das Touristbüro bietet aber Informationen zu drei **Fahrradtouren in die nähere Umgebung** an: Lübeck–Travemünde (ca. 18 km), Lübeck–Rothenhusen (ca. 24 km) und an der Wakenitz entlang bis zum Restaurant Müggenbusch (ca. 20 km).

Fahrrad-Verleih:
die pedale H 4
Roonstr. 7–9 (Stadtteil Marli), T 0451 640 48, www.die-pedale.de, Mo–Fr 9–13.30, 15–18, Sa 9–13 Uhr, 6,90 €/Tag, 3 Tage 18,60 €. Auch Reparaturservice für Ihr eigenes Rad, eine Inspektion wird ab 24,50 € angeboten.

Bike and Tour E 7
Geniner Str. 2, T 0451 504 14 40, www.fahrrad-laden.info, Mo–Fr 9–18.30, Sa 9–14 Uhr, 8 €/Tag, 1 Woche 45 €. Die Leihgebühr für das Fahrradschloss beträgt 10 €, sie wird Ihnen nach der Tour zurückerstattet.

Mietrad Mielke Karte 2, E 5
Hüxterdamm 2, T 0176 27 28 03 53, Mo–Sa 10–18 Uhr, Trekkingräder kosten 9 €/Tag, Cityrad/Tiefeinsteiger ab 4 Tagen 10 €/Tag, Tourenrad/Rennrad ab 7 Tagen 10 €/Tag, E-Bike/Pedelec ab 14 Tagen 12 €/Tag

Taxi
Funktaxen Lübeck erreichen Sie unter der Telefonnummer 0451 811 22. Vor dem Bahnhof warten meist einige Fahrzeuge auf Gäste.

Parken
In der Lübecker Innenstadt benötigt man kein Auto. Die Parkplätze in der Innenstadt sind schnell belegt, die Parkhäuser kosten überwiegend 1,50–2 €/Std. und 8–20 € für das Tagesticket (www.parken-luebeck.de). Die Plätze und Parkhäuser am Ostrand sind günstiger sowie die Parkplätze an der Muk oder am Burgtor ab 1,30 € und 3,50–6 € pro Tag. Das Parkhaus an der Falkenstraße verlangt 5 € fürs Tagesticket. In den meisten Parkhäusern ist das Handyparken (www.smartparking.de) möglich.

Strandkorbvermietung

Strandkörbe am Strand von Travemünde werden für 8,50 €/Tag angeboten, ab 15 Uhr zahlt man einen Sondertarif.

Stadtführungen

Lübecker Stadtführer e. V.
T 0451 20 21 86 35
www.luebecker-stadtfuehrer.de
April–Okt., Nov./Dez. tgl. 11 und 14 Uhr, Jan.–März Sa/So 11 Uhr
Die Führung dauert etwa 2 Std., geht durch die historische Altstadt und schließt den Rathaus-Besuch mit ein (8–12 €/Pers.), Treffpunkt ist die Tourist-Information (► S. 110). Es werden interessante Sonderführungen angeboten mit speziellen Themen und/oder in historischen Kostümen.

Sonne! Strand! Handstand!

Kurzbeschreibungen für **Stadtrundgänge auf eigene Faust** bieten die Touristik-Büros an.

Audiovisueller Stadtrundgang
Mit einem iGuide gehen Sie auf audiovisuelle Reise durch Lübecks Altstadt. Es ›begleiten‹ Sie zwei junge Lübecker. In der Tourist-Information auszuleihen: 3 Std. 7,50 €, 1 Tag 10 €, ein Doppelstecker für zwei Personen kostet 2,50 €, www.luebeck-tourismus.de.

Öko-Stadt-Pfad
Er führt auf einem 2,5 km langen Rundweg zu elf Stationen im Süden von Lübeck. Es geht zu einem Bienengarten, dem Mühlenteich, einer 500 Jahre alten Eiche, einer Ausstiegshilfe für Otter oder zu Pflanzen an alten Steinmauern. Eine Karte mit Standorten und Erklärungen gibt es im Touristik-Büro.

k3 Stadtführungen
Hundestr. 95, T 0451 305 00 55 60, www.k3.de. Individuelle kulturhistorische sowie kulinarische Führungen. »Zeit der Hanse« oder »Höfe und Gänge« auch für Einzelpersonen (10 €). Ansonsten sollte man sich für die Flexibuchung für Gruppen bis 10 Pers. zusammenfinden, die ab 89 € zu buchen sind.

Fackelwanderung
Eine romantische Strandwanderung im Fackelschein. Wolf-Rüdiger Ohlhoff beginnt seine einstündige Tour am Lotsenturm an den Strandterrassen. Es geht zum Leuchtturm und am Strand entlang bis zur großen Seebrücke. Jeder Teilnehmer erhält eine Fackel. Freitags im Dezember und Januar, ab 5 €/Pers.

Stadtrundfahrten

Open-Air-Stadtrundfahrt: T 0451 86 16 44, www.sv-luebeck.de. Mit dem Doppeldecker, ca. 50 Min., Mai–Sept. tgl., in der Zeit von 10 bis 16.30 Uhr stdl., 6–10 €, Abfahrt an der Haltestelle Untertrave/Holstenbrücke, Kombiticket für Stadt- und Hafenrundfahrt 11–19 €

Splashtour: Eine 60-minütige Stadtrundfahrt mit dem Amphibienbus. Die Fahrtroute auf der Trave richtet sich nach dem Wasserstand. Abfahrt ist An der Untertrave/Ecke Mengstraße, T 0451 300 23 76, www.splashtour-luebeck.de, März–23. Dez., tgl. Di–So ab 10.30 Uhr, alle 90 Minuten, 16,50 €/25 €.

Trave- und Wakenitz-Fahrten

Stadtrundfahrten
An der Untertrave, bei der Quandt-Linie, T 0451 777 99, www.quandt-linie.de, Mai–

Okt. tgl. 10–18 Uhr, alle halbe Stunde, aber es wird auch außerhalb der Saison gefahren, einfach nachfragen. Einstieg: an der Holstentorterrasse und vor der Musik- und Kongresshalle, 14 €, Kinder 7/9 €

Wakenitz-Fahrt
mit der Wakenitz-Schifffahrt Quandt: ► S. 67

Boat Now
Eine Fahrt auf Lübecks Wasserwegen in führerschein- und emissionsfreien Elektrobooten für bis zu 6 Pers, mit Tisch und gepolsterten Sitzen. Ab 18 Jahren mit Einweisung. An der Obertrave/Ecke Marlesgrube, T 0152 53 75 40 42, www.boat-now.de, ab April 1 Std. 39 €, 2 Std. 69 €, jede weitere Std. 30 €, Reservierung ist nur online möglich.

MS Hanse
Von Travemünde nach Lübeck und zurück (T 0163 54 75 773, www.hanse-travemuende.de, Abfahrt Kaiserbrücke, 4 x tgl. 11–17 Uhr, 90 Min. Einzelfahrt 7,50/12,50 €, hin und zurück 10,50/19,50 €, Abfahrt in Lübeck am Hansemuseum 13 und 17 Uhr)

Trave-Ticket
Mit dem Linienbus (Nr. 30/40) nach Travemünde und mit dem MS Hanse über Gothmund bis Lübeck zurück (www.traveticket.de, Mai–Okt. tgl., 7,50/15,50 €).

BESONDERE TAGESAUSFLÜGE

Bad Segeberg 🕮 Karte 4, außerhalb A 1
Warum nicht mal zu den Karl-May-Spielen? Der sogenannte Kalkberg, der eigentlich aus Gips besteht, bietet die ideale Kulisse für die Indianerspiele, bei denen die Akteure sogar durch die Zuschauerreihen reiten. Vor Beginn und in den Pausen kann man sich die Westernstadt (›Indian Village‹) näher ansehen.
Karl-May-Platz, T 01805 95 21 11, www.karl-may-spiele.de, Mitte Juni–Anfang Sept. Do–Sa 15 und 20, So 15 Uhr, ab 19 €

Das **Fledermauszentrum Noctalis** bietet eine Erlebnisausstellung mit interaktiven Stationen, an denen man alles über die Fledermäuse und ihre Lebensweise erfährt. Wenn sich die Augen ans Stockdunkel gewöhnt haben, lassen sich die nachtaktiven Flugakrobaten dort hautnah beobachten. Die bizarr beleuchtete Höhle nebenan hatten Kinder 1913 beim Spielen entdeckt. Dort überwintern heute acht der 15 in Schleswig-Holstein lebenden Fledermaus-Arten.
Oberbergstr. 27, T 04551 808 20, www.noctalis.de, ganzjährig Mo–Fr 9–18 (freitags Familientag Eintritt ermäßigt), Sa/So ab 10 Uhr, Okt. bis 17 Uhr, Nov.–März Di–Do 9–14, Fr–So 10–18 Uhr, 8/5 €, mit Höhle 12/6 €, Höhlenführungen April–Sept., ca. 35 Min.

Gothmund 🕮 Karte 4, B 1
Das malerische Fischerdorf versteckt sich am Rand der Schellbruchwiesen, 8 km nordöstlich von Lübeck. Man parkt oberhalb des Ortes und geht zu Fuß in den Fischerweg bis zum Ufer der Untertrave. Noch heute haben die Fischer das ausschließliche Fischrecht auf der Trave, das sie schon 1585 erhielten. Ganz in der Nähe des Industriegebietes ist man plötzlich umgeben von Bauerngärten, Fischkuttern und aufgespannten Netzen. Vom Ufer aus bietet sich der schönste Blick auf die hinter Reet verborgenen Fachwerkhäuser, die heute teilweise unter Denkmalschutz stehen. Ein Wanderweg folgt zum Teil dem alten Treidelweg und führt zunächst an der Untertrave entlang bis in das Naturschutzgebiet Schellbruch. An der Beobachtungsstation des Stadtforstamtes informieren Schautafeln.
Anfahrt mit dem Auto: über die B75, mit dem Rad: an der Trave und am Schellbruch entlang, mit dem Bus: Linie 12 bis Haltestelle Normannenweg

O-Ton Lübeck

kommodig

gemütlich

Drönbüdel

Langeweiler

SCHIETBÜDEL

liebevoller Bezeichnung für ein Baby oder Kleinkind

plietsch

pfiffig, klug

Mach mal keen Gedöns.

Mach kein Aufhebens.

Moin, Moin!

Gruß zu jeder Tages- und Nachtzeit. Kommt von mojen = gut, schön

KLÖNSCHNACK

nette Unterhaltung

Da lach ich doch über

Die besondere Satzstellung kommt aus dem Platt: »Dor lack ik över«.

figgelinsch

schwierig, verzwickt

Lütt un lütt

Eigentlich ›klein und klein‹, gemeint ist aber ein Bier mit Korn.

Dumm Tüch

Dummes Zeug

Das Klima im Blick

Reisen bereichert und verbindet Menschen und Kulturen. Wer reist, erzeugt auch CO_2. Der Flugverkehr trägt mit bis zu 10 % zur globalen Erwärmung bei. Wer das Klima schützen will, sollte sich – wenn möglich – für eine schonendere Reiseform entscheiden oder die Projekte von atmosfair unterstützen. Flugpassagiere spenden einen kilometerabhängigen Beitrag für die von ihnen verursachten Emissionen und finanzieren damit Projekte in Entwicklungsländern, die dort den Ausstoß von Klimagasen verringern helfen (www.atmosfair.de). Auch die Mitarbeiter des DuMont Reiseverlags fliegen mit atmosfair!

Abbildungsnachweis
akg-images, Berlin: S. 45
AWL-Images, Whitchurch (GB): S. 68
DuMont Bildarchiv, Ostfildern: S. 39 (Sabine Lubenow)
Frauke Klatt, Travemünde: S. 120/2
Getty Images, München: S. 84 (Moment/Angel Villalba); 120/1 (PB Archive/Peter Bischoff); 120/4 (Ulrich Baumgarten)
Hotel Lili Marleen, Lübeck: S. 91
Huber-Images, Garmisch-Partenkirchen: S. 97 (Colin Dutton); 85 (Gabriele Croppi); 51 (Maurizio Rellini); 31, 38 (Sabine Lubenow)
iStock.com, Calgary (CA): S. 8/9 (Acnakelsy); Umschlagklappe hinten (chris-stein); 49 (Maren Winter); 16/17 (MissPassionPhotography); 20 (StGrafix); 4 o. (tupungato)
laif, Köln: S. 103 (Christian Kerber); 12/13, 107 (Gordon Welters); 112 (Julia Knop); 72 (Michael Amme); 40, 74, 87 (Ralf Brunner)
Lookphotos, München: S. 66, 77 (Natalie Kriwy); 36, 57, 58, 64 (Travel Collection)
Mauritius Images, Mittenwald: S. 37 (age fotostock/Marga Werner); Umschlagklappe vorn, 22, 43, 60, 62 (Alamy/Bildarchiv Monheim GmbH); 25 (Alamy/Yvonne Duffe); 65 (McPHOTO/Horst Helwig); 100 (Travel Collection); 55 (Travel Collection/Lukas Spörl); 76 (Uwe Steffens); 53 (Westend61/Kristian Peetz)
Museum für Natur und Umwelt, Lübeck: S. 80/81
Nicoletta Adams, Bremen: S. 26
Ottmar Heinze, Hamburg: S. 88, 92, 94, 98, 104
picture-alliance, Frankfurt a. M.: S. 120/5 (dpa); 24, 29 (dpa/Angelika Warmuth); 63 (dpa/Bodo Marks); 70 (dpa/Carsten Rehder); 47 (dpa/Gunilla Graudins); 32 (dpa/Markus Scholz); 34 (dpa/Maurizio Gambarini); 120/3 (dpa/Noecker); 108 (dpa/Olaf Malzahn); 120/6, 120/9 (dpa/Wolfgang Langenstrassen); 120/8 (Eventpress MP); 120/7 (Frank May)
Shutterstock.com, Amsterdam (NL): S. 82 (GagliardiImages); 14/15 (KaMay); Titelbild, Faltplan (portumen); 28 (StGrafix)
Stock.adobe.com, Dublin (IE): S. 7 (Alessa); 105 (cook_inspire); 50 (lynndinn); 4 u. (pure-life-pictures)
Zeichnungen: S. 5 (Antonia Selzer, Lörrach); 2, 11, 22, 30, 33, 54, 70, 75 (Gerald Konopik, Fürstenfeldbruck)

Kartografie: DuMont Reisekartografie, Fürstenfeldbruck

Umschlagfotos
Titelbild: Salzspeicher in Nahaufnahme
Umschlagklappe hinten: die Lübecker Stadtsilhouette am frühen Abend

Hinweis: Autorin und Verlag haben alle Informationen mit größtmöglicher Sorgfalt geprüft. Gleichwohl erfolgen alle Angaben ohne Gewähr. Infolge der Corona-Pandemie im Jahr 2020 kann es darüber hinaus zu kurzfristigen Geschäftsschließungen und anderen Änderungen vor Ort gekommen sein. Bitte schreiben Sie uns! Über Ihre Rückmeldung zum Buch und Verbesserungsvorschläge freuen sich Autorin und Verlag:
DuMont Reiseverlag, Postfach 3151, 73751 Ostfildern,
info@dumontreise.de, www.dumontreise.de

FSC
www.fsc.org
MIX
Papier aus verantwortungsvollen Quellen
FSC® C018236

2., aktualisierte Auflage 2021

Autorin: Nicoletta Adams
Redaktion/Lektorat: Sebastian Schaffmeister, Ulrike von Düring
Bildredaktion: Stefan Scholtz
Grafisches Konzept: Eggers+Diaper, Potsdam
Printed in Poland

Kennen Sie die?

9 von 220 211 Lübeckern

Horst Frank

Der renommierte Schauspieler (1929–99) verkörperte in über 500 Produktionen zumeist den Anti-Helden. Wegen seiner markanten Stimme wurde er auch gerne für Hörbücher engagiert.

Frauke Klatt

Die Malerin und leidenschaftliche Wassersportlerin stellt am liebsten das Meer und Segelschiffe in leuchtenden Farben dar. Sie gestaltete schon 18 Mal das Plakat für die Travemünder Woche.

Lothar Malskat

Der Fälscher, Casanova und Kunstmaler (1913–81) führte Geistlichkeit und Presse an der Nase herum, als er 1948 während einer Restaurierung der Fresken der Marienkirche »Erdachtes« hinzufügte.

Isa Vermehren

Die Kabarettistin stieß mit NS-kritischen Auftritten an, kam ins KZ und wurde nach einem Theologie-Studium Nonne. Sie sprach 1983 als erste Frau das »Wort zum Sonntag« in der ARD.

Gustav Radbruch

Der Jurist und Politiker (1878–1949) war einer der bedeutendsten Rechtsphilosophen des 20. Jh. Die Radbruch'sche Formel (1946) hatte großen Einfluss auf die deutsche Rechtsgeschichte.

Marzipanschwein

Süße Erfolgsidee: Angeblich sollen schon über 500 Varianten des beliebten Schweinchens über den Ladentisch der Firma Niederegger gereicht worden und in alle Welt gegangen sein.

Lübecker Hütchen

Jeder kennt das rot-weiß gestreifte Hütchen aus dem Straßenverkehr. Doch kaum einer weiß, dass es sich in den Fünfzigerjahren ein Lübecker ausdachte: Ewald Kongsbak war's.

Bastian Sick

Der Journalist und Autor (*1965) war mit seiner Kolumne »Zwiebelfisch« der deutschen Sprachverwirrung auf der Spur und schrieb die Bestseller-Reihe »Der Dativ ist dem Genetiv sein Tod«.

Carolyn McGregor

bekam mit sieben ihre erste Fernsehrolle. Man sah sie seither u. a. in den Serien »4 gegen Z«, »Großstadtrevier« und auf der Freilichtbühne Lübeck als Annika in »Pippi Langstrumpf«.